KB057321

중국 시장
타오바오가
답이다

셀프헬프 self·help 시리즈⑮

"나다움을 찾아가는 힘"

사람들은 흔히, 지금의 내가 어제의 나와 같은 사람이라고 생각한다. 이것만큼 큰 착각이 또 있을까? 사람들은 매 순간 달라진다. 1분이 지나면 1분의 변화가, 1시간이 지나면 1시간의 변화가 쌓이는 게 사람이다. 보고 듣고 냄새 맡고 말하고 만지고 느끼면서 사람의 몸과 마음은 수시로 변한다. 그러니까 오늘의 나는 어제의 나와는 전혀 다른 사람이다. 셀프헬프self·help 시리즈를 통해 매 순간 새로워지는 나 자신을 발견하길 바란다.

중국 온라인 마케팅 전문가의 실전 비법서

중국 시장 타오바오가 답이다

초판 1쇄 발행 2020년 11월 30일

지은이. 황주업

ISBN
978-89-6529-250-0 (13320)

이 도서의 국립중앙도서관
출판예정도서목록(CIP)은
서지정보유통지원시스템 홈페이지
(http://seoji.nl.go.kr)와 국가자료
공동목록시스템(www.nl.go.kr/
kolisnet)에서 이용하실 수 있습니다.
CIP제어번호: CIP2020045891

발행. 김태영
발행처. 도서출판 씽크스마트
서울특별시 마포구 토정로 222(신수동)
한국출판콘텐츠센터 401호
전화. 02-323-5609 / 070-8836-8837
팩스. 02-337-5608
메일. kty0651@hanmail.net

도서출판 사이다
사람의 가치를 밝히며 서로가 서로의
삶을 세워주는 세상을 만드는 데 필요한
사람과 사람을 이어주는 다리의 줄임말이며
씽크스마트의 임프린트입니다.

씽크스마트 · 더 큰 세상으로 통하는 길
도서출판 사이다 · 사람과 사람을 이어주는 다리

중국 온라인 마케팅 전문가의 실전 비법서

중국 시장
타오바오가 답이다

황주업 지음

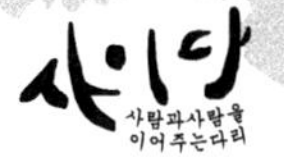

타오바오 탑 점주: **점포 이름: 大C香港站 /점주 : 陈楚楚**

타오바오는 중국 사람이라면 누구나 사용하는 대표적인 쇼핑 플랫폼입니다. 저는 타오바오에서 오랫동안 상품을 샵을 운영하면서 많은 한국 화장품과 코스메틱 제품들을 판매해 왔습니다.

한국 제품은 품질이 좋고 아시아인의 피부에 잘 맞기 때문에 중국에서도 인기를 끌고 있습니다. 하지만 중국 특유의 유통구조와 까다로운 법규 때문에 많은 한국 기업들이 어려워하시는 것 같습니다. 이 책은 그런 분들에게 많은 도움이 될 것으로 믿습니다.

淘宝是几乎每个中国人都会使用的具有代表性的购物平台。 我是位在淘宝开店得店主，也合作过很多种韩国化妆品品牌。

韩国产品质量相对较好，适合亚洲人的皮肤，在中国也很受欢迎。但是，由于中国特有的流通结构和苛刻的法规，很多韩国企业似乎很难做到这一点。 我相信这本书会对那些人会有很大的帮助。

타오바오 탑 점주: **점포 이름: 么么小玄子/ 점주: 刘磊**

파켓의 황주업 사장님과 이야기할 때마다 이 사람이 한국 사람이라는 걸 잊어버립니다. 그 정도로 중국을 잘 아는 분입니다. 특히 타오바오를 비롯한 마케팅과 유통에 대해서는요. 중국에서 어려움을 겪고 계신 많은 한국 분들에게 이 책이 큰 도움이 될 것입니다.

每当和PAKET的黄主业代表谈话时，就会忘记他是韩国人。 他是一位非常了解中国的韩国人，特别是包括淘宝在内的市场营销和流通方面。 我相信这本书将给在中国经历困难的韩国人带来很大的帮助。

타오바오 탑 점주: 점포 이름: 041全球美妆代购 /점주: 李思瑶

이 책의 저자인 황주업 대표님은 저의 오랜 친구입니다. 그분이 중국에 처음 왔을 때부터 죽이 잘 맞았습니다. 항상 느끼지만 사업에 대한 열정과 감각이 아주 뛰어난 분입니다. 한국 사람인데도 불구하고 중국에서 여러 가지 사업을 했을 정도니까요.

지금은 코로나 때문에 자주 만나지 못해 늘 아쉽지만 위챗으로 늘 안부를 주고받고 있습니다. 중국과 한국을 모두 잘 아는 대표님의 책이 한국 기업과 중국 판매상 모두에게 도움이 될 것으로 믿어 의심치 않습니다.

这本书的作者黄主业代表是我的老朋友了。 他刚来中国的时候我们就很合得来， 经常能感受到他对事业的热情。 虽然他是韩国人，但在中国做了很多了不起的事业。

虽然现在因为疫情的原因不能经常见面，但是我们还是会通过微信经常互相问候。 我相信对中国和韩国都很了解的代表先生的书对韩国企业和中国销售商都会有很大的帮助。

타오바오 탑 점주: 점포 이름: 薇安萧の潮妆店 /점주: 薇安肖

오랫동안 타오바오에서 상점을 운영하면서, 솔직히 말씀드리면 한국 기업이나 제품에 화가 났던 적도 있고, 실망한 적도 있었습니다. 그러나 황대표님의 친절한 설명을 듣고 이해했던 적이 여러 번이었습니다.

물론 중국에도 나쁜 사람이 있고 한국도 마찬가지일 겁니다. 그러나 대부분은 상호협력 상생공존을 추구한다고 생각합니다. 그럼에도 불구하고 언어 장벽과 문화 차이, 사업 방식의 차이 등으로 인해 불필요한 갈등과 오해가 생기는 것 같습니다. 이것은 황대표님이 저에게 늘 입버릇처럼 이야기하던 것입니다.

그래서 황대표님은 중국 사업의 핵심인 타오바오를 중심으로 한국 사람들에게 중국에 대해 알려주는 책을 쓰고 싶다고 늘 말해 왔습니다. 이 책은 그런 오랜 바람의 결과물입니다. 진심으로 축하드립니다.

이 책을 통해서 한국과 중국 기업들이 서로 이해하고 존중하며 다 같이 성장하고 성공했으면 좋겠습니다. 감사합니다.

我是位在淘宝上开店得店主，说实话，曾经对韩国企业和产品生气过，也曾失望过。 但是听过黄代表亲切的说明后，曾多次理解。

当然，中国有坏人，韩国也一样。 但是大部分人都会追求相互合作、相生共存。 尽管如此，由于语言障碍、文化差异、事业方式的差异等等，似乎产生了很多不必要的矛盾和误会。 这是黄代表经常对我说的口头禅。

所以黄代表一直说，希望以中国事业的核心——淘宝为中心，写一本让韩国人了解中国的书。 这本书是这种长久以来愿望的产物，衷心祝贺。

希望韩国和中国企业能够通过这本书相互理解和尊重，共同成长并取得成功。谢谢。

하퍼스바자 차이나 매거진 기자 高若萌

저는 몇 년 전에 "중국에서 활약하는 코스메틱 전문가"라는 타이틀로 여러 분야의 전문가를 인터뷰한 적이 있습니다. 황주업 대표님과의 인연도 이때 시작되었습니다. 그의 유창한 중국어와 탁월한 식견에 깊은 인상을 받았습니다.

중국 사회와 중국 시장은 저 같은 언론인조차 따라가기 힘들 만큼 빠르고 역동적으로 변화해 왔습니다. 지금의 중국은 10년 전, 20년 전의 중국과 완전히 다르지만 지금부터 일어날 변화는 그 모든 변화를 합친 것보다 훨씬 더 많을 것입니다.

이러한 중국 시장에서 성공하기 위해 많은 한국 기업인들이 열심히 노력하고 계신 것으로 알고 있습니다. 하지만 중국인에게조차 쉽지 않은 시장이기 때문에 많은 시행착오를 겪고 계실 겁니다. 황주업 대표님은 늘 이런 분들에 대해 안타까운 마음을 갖고 계셨습니다.

그런 오랜 고민의 결과물이 책으로 나온다는 소식을 듣고 아주 기뻤습니다. 대표님의 열정과 경험, 지식이 녹아 있는 책이라면 분명히 많은 분들에게 큰 도움이 되실 거라고 믿습니다. 코로나19 사태로 인해 어려운 상황 속에서도 한국과 중국이 함께 번영해 나가기를 기대합니다. 한국과 중국 사이에 다리 역할을 하시는 황주업 대표님 같은 분들이 계시기 때문에 반드시 가능할 거라고 믿습니다. 감사합니다.

几年前，我曾以"活跃在中国的化妆品专家"为题采访过各领域的专家。 与黄主业代表的缘分也是从这个时候开始的。 他流利的中文和远见卓识给我留下了深刻的印象。

中国社会和中国市场变话非常迅速和活跃，连像我这样的媒体人也难以跟上。 现在的中国和10年前和20年前的中国完全不同，但是从现在开始发生的变化会比所有变化加在一起还要多。

据我所知，为了在中国市场取得成功，很多韩国企业人都在努力。但是对于中国人来说，这个市场也不容易，所以会经历很多的试错。黄柱业代表一直对这些人怀有惋惜之情。

听到这样苦恼已久地作品即将出书地消息，我非常高兴。 如果这是一本融入了代表的热情、经验和知识的书，相信对很多人都会有很大的帮助。 希望韩国和中国在新冠疫情导致困难的情况下也能共同繁荣。韩国和中国之间有像黄主业代表一样起到桥梁作用的人，相信一定能够实现。 谢谢。

한국인 추천사

중국은 한국 기업들에게 양날의 칼과 같은 묘한 존재다. 지난 20여년간의 우리 경제의 급성장은 거대한 중국 시장에서의 성과를 빼고는 설명하기 어렵다. 무수한 우리 기업과 상인들이 중국 시장에서 소위 대박을 터뜨렸다. 그렇지만 다른 한편으로는 중국 시장에서 지속적으로 고성과를 창출해온 우리나라 기업은 매우 드물다. 대부분 예상을 훨씬 뛰어넘는 중국 시장에서의 호실적에 힘입어 한동안 급성장하다가 또 다시 영문도 모른 채 급추락해 위기에 빠지는 패턴을 보여왔다. 국가경제 수준에서도 중국 시장에서의 놀라운 성과에 힘입어 세계 10위권 경제로 도약했으나 이제는 오히려 중국에 대한 지나친 의존과 중국의 정치경제적 불확실성이 가장 심각한 국가적 위기 원인이 되고 있다. 그럼에도 불구하고 기업이나 정부 어느 쪽에서도 뾰족한 대안이나 전략을 내놓지 못하고 변덕스러워 보이는 중국의 시장과 정부에 엉거주춤 끌려가고 있는 형국이다.

이 책은 바로 이런 불편한 상황에 대한 명쾌한 설명과 해결책을 제시하고 있다. 저자들은 이 모든 문제의 원인이 중국에 대한 우리의 오해에서 출발한다고 설명한다. 우리 주변의 각계각층에는 자칭 중국 전문가들이 무수히 많으나 뾰족한 중국 전략을 내놓지 못하고 있다. 이 책에서 저자들은 대부분의 문제는 중국 시장과 상인들에 대한 우리의 잘못된 고정관념 때문이라고 설명한다. 저자는 우리 기업과 경제가 현재 중국 시장에서 교착상태에 빠져나오지 못하고 있는 것은 과거 급성장할 때도 성공했던 진짜 이유를 정확하게 몰랐기 때문에 현재 위기의 원인도 제대로 파악하지 못하고 있는 것이라고 지적한다. 모든 오해는 중국 시장과 상인들, 그리고 소비자들에 대한 단순한 가정에서 출발한다. 예를 들면, 중국 시장은 우리 보다 발전 정도가 훨씬 느린 후발 시장이므로 선진국 시장과 달리 저가 상품이 잘 팔릴 것이라고 단순하게 가정하는데, 과거에는 그랬을지 모르지만 지금은 전혀 그렇지 않으며, 초고가 명품 브랜드들의 세계 최고 시장으로 급성장했다는 사실을 직시해야 한다고 지적한다.

중국 시장에 대한 이런 류의 오해들은 무수히 많다. 문제는 우리 기업들과 정부가 여전히 착시현상에 빠져 정확한 대응을 못하고 있다는 것이다. 즉 가장 큰 문제는 우리나라에 분야를 막론하고 진정한 중국 전문가 없다는 것이다. 이런 의미에서 이 책은 최근의 환경변화에도 불구하고 여전히 단연 세계 최대의 시장인 중국에서 성장과 성과를 창출하고자 하는 우리 기업들과 정부 정책담당자들에게 소중한 실천적 길잡이 역할을 할 수 있을 것으로 기대된다. 저자는 오랜 기간 중국과 다양한 사업을 하며 중국에 대한 정확하고 심층적인 지식과 노하우를 축적한 실전 전문가다. 저자들은 중국 소비자들의 실제 구매과정과 시장구조를 고려할 때 타오바오가 중국 마케팅의 핵심이라고 강조한다. 즉 타오바오를 정확하게 이해하고 이들을 적극적으로 활용하는 것이 중국 시장의 성장과 성과창출에 가장 중요한 전략이라는 것이다.

이 책은 타오바오를 중심으로 한 중국 시장 전략에 대해 풍부한 사례와 실천적 방안들을 제시하고 있다. 특히 저자가 강조하는 적정 판매이윤이나 브랜드 관리, 신뢰관계의 중요성 등은 극도로 합리적이며 선진적인 내용들이다. 즉 우리 기업들과 정부가 그동안 중국을 마치 비합리적인 전통 사회로 가정하고 상대해왔던 것이 문제의 원인인 것이다. 이 책에서는 이런 중국에 대한 고정관념과 오해들을 불식시키는 구체적이고 논리적인 설명을 다양하게 제시하고 있다. 이런 면에서 이 책은 우리나라 기업들과 정부가 현재 처한 중국관계의 위기상황을 고려할 때 매우 시의적절할 뿐 아니라 이해하기 쉽고 또 실행하기 쉽도록 저술되어 있다. 중국 시장에서의 성장과 성과창출을 원하는 모든 기업인들과 상인들, 그리고 우리 정부의 정책담당자들이 반드시 일독할 것을 강력하게 추천한다.

- 연세대학교 경영대학 교수 **신동엽**

세계 최대 소비시장인 중국을 어떻게 공략할 수 있을까? 수많은 자료와 서적이 즐비한 세상이지만, 어려서부터 중국에 유학 갔다 와서 지금까지 중국관련 사업만 전념한 PAKET社의 황주업 대표가 내놓은 "중국 시장 타오바오가 답이다"가 가장 실전적인 책 중의 하나일 것이라고 저는 생각합니다. 지금까지 30여 년간 세계 무역의 최전선에 서왔던 저로서는 형식적이고 현학적이며 손에 잡히지 않는 책은 싫어하는 경향이 있는데, 이번에 출간된 이 책은 중국 시장 공략방법을 타오바오가 답이라고 간결하고도 명쾌하게 제시하고 있어 맘에 듭니다. 디지털시대, 4차산업의 시대에 전자상거래 오픈마켓의 대명사 타오바오를 활용해야 하는 이유와, 이 책의 결론이라 할 수 있는 "타오바오에서 성공하는 10가지 방법"이 독자 여러분의 중국사업 성공의 지름길이 될 수 있기를 바랍니다.

- 코트라 CIS지역본부장 **이정훈**

중국에 진출하려는 한국 화장품 브랜드사에 꼭 추천해 드리고 싶은 책입니다. 특히, 중국을 잘 안다고 생각하시는 분들이 다 내려놓고 들어봐야 하는, 생생하고 실전적인 중국 타오바오 이야기라고 생각합니다. 삼가 일독을 권해드립니다.

- 엘앤피코스메틱 전무 **조용완**

저는 중국영업을 맡은지 6년차고, 중국 전자상거래의 현장인 항저우에서 2년째 타오바오 채널을 맡고 있습니다.

책을 읽고 가장 많이 느낀 감정은 "공감"입니다. 타오바오 판매자, 벤더들과 '어떻게 제품을 팔까', '이 시장상황을 어떻게 경영진들에게 설명하고 설득해서 실행에 옮길 수 있을까?'에 대한 제 고민의 해결책이 바로 이 책이었습니다. 이 책은 중국 비즈니스에 대한 비법이나 묘책을 알려주지 않습니다. 바로 正道를 알려주고 있습니다.

중국 진출을 원하는 회장님에게는 필독도서일 것이고, 실무자들에게는 현재 어떤 문제가 있는지 알 수 있는 진단키트가 될 것이고, 중국영업을 하고 싶은 사회 초년생에게는 가장 생생한 영업 현장의 간접체험이 될 것입니다.

- SD생명공학(SNP) 항저우 지사 부총경리 **정다운**

"모든 길은 로마로 통한다"

로마로 가는 길은 여러 가지다. 이 중에서 어느 길을 선택하느냐에 따라 시간과 비용 면에서 엄청난 차이가 발생한다.

대부분의 기업체 CEO들이 중국 진출 방법을 모색하느라 많은 시간과 마케팅 비용을 투자하고 있다. 그러나 만족할만한 성과를 이끌어 내는 기업은 극히 드물다.

나 역시도 그러했다. 나는 30년 가까이 화장품 업계에서 중국으로 가기 위한 여러 가지 방법을 모색해 왔으나, 그 어느 방법도 만족할 만한 성과가 없었다.

길을 알고 가는 것과 모르고 가는 것의 결과는 엄청나게 차이가 있다.

이 책은 중국으로 가는 지름길과 함께, 그 길을 어떻게 가야 하는지에 대한 명확한 해답 역시 제시하고 있다.

- 코스모코스 글로벌사업실 전무 **정승국**

어떻게 하면 중국 시장에서 성공할 수 있을까?

"나만 알고 싶은, 혹은 우리 회사만 알고 싶을 정도로 절묘한 '중국 시장 성공 공식'이 정말 있을까?"

라고 물음을 던지는 모든 이들이여! 그 물음표는 곧 느낌표로 변할 것이다!

수많은 사람들이 궁금해 왔고 앞으로도 궁금해 할 중국 시장에 대해, 저자는 오랫동안 직접 겪은 경험을 바탕으로 솔직하게, 그리고 가감 없이 말해준다.

빠르게 변화하는 중국 시장을 알고 싶고, 성공하고 싶은 이들이여!

이 책은 분명히 훌륭한 길잡이가 되어줄 것이다.

바로 내게 그러했던 것처럼.

- YG 문샷 해외사업팀 차장 **인수진**

중국 시장은 한국 기업 입장에선 꼭 성공하고 싶은 시장이지만 가장 성공하기 어려운 시장이다. 워낙 시장이 커서 누구나 진출하여 성공하고 싶어하지만, 대부분 실패하기 쉬운 난이도 최고의 시장이다. 워낙 어렵다 보니 대부분 중국 시장에 대해서, 혼돈의 시장이거나 믿을 수 없는 시장이므로 잘 짜여진 계획이나 전략도 필요가 없고, 오직 운에 달려 있다고 생각하기도 한다.

이 책은 중국 시장에 진출하여 성공하고 싶은 독자에게 한 줄기 빛이 되어 준다. 타오바오라는 시장에 대한 새로운 이해를 제공해 준다. 최근에 왕홍의 영향이 점점 커지고 있다는 것은 주지의 사실이다. "타오바오 상점 하나하나가 곧 판매 왕홍이다."라는 말이 무슨 뜻인지 이해하는 사람이라면, 이 책에서 말하고자 하는 내용을 좀 더 쉽게 이해할 수 있을 것이다.

-바노바기 피부과 원장, 바노바기 코스메틱 대표 **반재용**

이 책을 집어든 당신은 행운아입니다. 거대한 중국에서 유통의 기본을 이해하게 해주고, 성공할 수 있도록 도와주는 도구를 손에 넣었기 때문입니다.

제가 7년 동안 중국을 누비며 찾아헤맸던 것들이 이 책에 담겨 있습니다.

-한국화장품(더샘) 대표이사 **김중천**

황대표님의 중국사업에 대한 철학과 타오바오에 대한 열정, 그간의 경험이 오롯이 녹아 있는 책이라 감히 평합니다, 타오바오는 중국 소비재시장 생태계의 출발점이기에 매출 이상의 의의가 있습니다. 단순히 매출로만 평가해서도 안 되고 수익의 크고 작음으로 단식판단을 내려서도 안되기 때문에, 시작하는 회사들의 고민이 많을 수 밖에 없습니다.

광활하고도 넓은 중국 시장이지만, 수많은 경험 후에 시장을 구조적으로 바라볼 수 있을 때, 그 출발점에는 마케팅과 세일즈의 역할을 동시에 해내는 타오바오가 있음을 깨닫게 됩니다.

중국 시장에서의 성공뿐만 아니라, 그 뒤에 숨어있는 지식과 원리가 진정으로 궁금한 한국 회사의 경영진께 일독을 권해드립니다.

-전)MBX(구,미미박스) 글로벌 세일즈 본부장 / 현)헤럴드실버 대표이사 **은현성**

중국이 빠르게 발전하고 있다. 눈이 부실 정도다. 이제는 한국이 중국의 기술과 마케팅 기법을 배우고 있다. 대표적인 예가 라이브 커머스(Live Commerce)다. 중국에서 2~3년 전에 유행하던 라이브 커머스가 최근에야 한국에서 유행하고 있는 것이다.

따라서 이 책을 읽으면 중국 시장과 타오바오에 대한 혜안은 물론이고, 한국의 미래에 대한 인사이트까지 얻을 수 있다. 미래를 고민하는 비즈니스맨이라면 꼭 한 번 읽어보시길 권한다.

-뷰스컴퍼니 대표 **박진호**

우리 주위에는 중국 전문가라고 본인을 소개하는 분들이 아주 많다. 이들은 대부분 중국의 고위급 관리나 기업인과의 꽌시를 통해 여러 사업 기회를 제안한다. 제안은 중국의 돈 많은 기업이 중국에서 한국의 좋은 제품과 컨텐츠에 투자를 원하니, 인수할 수 있는 한국 기업을 찾거나 중국에 진출을 원하는 한국 기업과 중국에 조인트 벤처를 만들자는 내용들이다.

하지만 이런 제안들은 대개, '중국 밖으로 자금을 이전하는데 시간이 걸린다', '중국 기업은 중국의 유통 채널과 매장을 담당하여 엄청난 매출을 보장해줄 테니, 한국 기업이 돈과 제품을 제공하라'는 내용으로 이어진다.

결국 너무도 빈약해 보이는 관련 자료, 누군지 확인할 수도 없는 권력자 등으로 인해 대박을 향한 기대감은 점점 의심으로 이어지고, 대부분은 시작도 못한 채 사라진다. 이런 역경을 이겨내고 사업을 시작한 곳들도 해피엔딩을 경험한 곳들은 몇 곳 보지 못했다.

그러다 보니 많은 분들이 중국과 사업을 하면 안 된다, 중국에서 사업해서 돈 번 곳을 돈 적이 없다는 이야기를 많이 한다. 하지만 실제로 제안을 받으면 또 다시 혹시나 하고 대박의 꿈을 꾸기 시작한다.

이런 문제가 생기는 것은 중국이나 한국 기업보다는, 중간에 연결을 해주는 소위 '중국 전문가'들 때문인 경우가 많다. 그들은 실제 전문가가 아니다. 단지 중국에 10년 살았다고 해서 전문가는 아니다. LA 한인타운에서 10년 산 한국 교포가 미국 전문가는 아니지 않는가? 그들은 십중팔구 꽌시도 없다. 설령 꽌시가 있다 한들, 실질적인 사업 기회로 이어지는 것은 결코 쉽지 않다.

실제 중국의 고위급 인력과 경쟁력 있는 기업은 절대 서두르지 않는다. 한국 제품을 통해 대박을 친다는 생각도 없다. 이미 전세계에서 가장 큰 시장을 가지고 있으며, 한국뿐만 아니라 전 세계의 많은 기업들이 중국 시장 진출을 위해 노크를 하기 때문이다. 이들은 장기적으로 자신의 이익을 극대화 시켜줄 파트너를 선택할 뿐이다.

많은 한국 화장품 기업이 중국 시장에서 엄청난 수익을 거두었다. 그러나 몇몇 대형사가 직접 중국에 진출해서 판매한 경우를 제외하면, 대부분 중국 상인들을 통해 다소 비일반적인 방법과 루트를 통해 판매된 경우가 대부분이다.

중국의 유명 기업과 파트너쉽을 맺거나 정확한 시장 조사와 마케팅 전략 하에서 판매된 것이 아니라, 자본력을 가진 거대 상인이 여러 소상인들을 통해 위챗과 소형 점포에서 점조직으로 판매했다는 뜻이다. 그만큼 판매 증가가 빨랐지만, 제품과 브랜딩이 제대로 알려지지 못한 폐해도 있었다.

하지만 안타깝게도 많은 한국 기업들은 중국 사업을 여전히 쉽고 당연한 갑 영업으로 생각한다. 함께 대박을 만든 파트너인 중국 상인들을 무시하고, 제대로 된 준비도 없이 중국 시장에 진출한다. 소위 중국 전문가라는 분들을 동원해서 꽌시를 찾고 컨설팅을 받는다.

물론 이런 식으로 성공하기는 힘들다. 미국이나 유럽 시장과 마찬가지로, 중국 시장도 오랜 시간 꾸준히 공을 들이고 현지에 맞는 전략을 수립해서 실행해야 성공할 수 있기 때문이다.

한국 소비재의 중국 수출을 이끈 중국 상인들은 일본을 거쳐 유럽, 미국으로 진출하고 있다. 실크로드를 타고 광활한 땅을 누비던 그들의 선조들의 피가 다시 끓고 있다. 명동의 도로를 막고 있던 수많은 관광버스들은 더 이상 없다. 그 대신에 도쿄나 오사카에 가면 여기가 중국인지 일본인지 알 수 없는 상황이 되었다.

더 늦기 전에 중국이라는 시장에 대해 겸허한 자세로 하나 하나 쌓아가는 전략이 필요하다. 중국은 넓다. 내륙에는 아직도 개발되지 않은 곳들이 많다. 그래서 유통 구조가 복잡하다. 엄청나게 큰 시장이기 때문에 마케팅 비용도 한국과는 비교가 안될 정도로 높다.

페이스북과 인스타그램은 안되지만 정부의 적극적인 지원과 풍부한 개발인력을 등에 업은 자체 온라인 컨텐츠 채널들이 있다. 세계 최고의 핀테크 서비스에 기반한 다양한 형태의 이커머스 채널들도 발달되어 있다.

이 책에는 어려운 내용은 없다. 하지만 읽다 보면 마음이 편치 않다. 인정하고 싶지 않은 뼈아픈 현실을 생생하게 짚어주기 때문이다. 알고 보면, 인정하고 나면 너무도 당연한 내용인데, 과거의 영광을 못 잊기 때문에 뼈아프게 느껴지는 것 아닐까?

중국 사업에서 대박을 경험한 회사는 단기간에 확 커지기 마련이다. 모두가 그 회사를 부러워한다. 하지만 속사정은 조금 다르다. 오너-임원-실무진 간의 입장 차이, 마케팅 부서-영업 부서의 업무 분장, 국내 사업-중국 사업의 알력으로 인해 리더십과 방향성이 실종되고, 이러지도 저러지도 못하는 덩치 큰 애물단지가 되는 일이 비일비재하다.

돈과 시간을 퍼부어도 중국 시장은 꿈쩍도 안 한다. 답을 알면서도 그동안 해왔던 시행착오를 인정하기 싫어서, 또 다른 시행착오가 두려워서, 중국이라는 나라를 인정하고 대우하기에 자존심이 상해서, 꼬일 대로 꼬여버린 회사 내의 여러 업무 분장과 헤게모니를 풀기가 막막해서, 돈과 시간을 엄청나게 투자하면서도 중국이라는 거대한 시장을 점점 놓치고 있다.

지금이라도 현실을 철저하게 인정하고, 처음부터 모든 것을 재검토해야 한다. 순식간에 문제를 해결하고 대박을 치게 해주겠다는 소위 중국 전문가들은 잊어라. 중국에 맞춰 사업 계획을 수립하고, 그 계획을 과감하게 실행할 수 있는 조직을 만들어야 한다. 기초부터 하나씩 쌓아가는 것이 중요하다.

중국에 가서 권력자와 술을 마신다고 해서, 중국에 현지법인을 만들고 중국에서 경험 많은 경영자를 앉힌다고 해서 중국 사업을 잘 할 수 있는 것은 아니다. 경영진부터 실무진까지 중국을 직접 체험하고 배우고, 장기적으로 꾸준히 중국에 진출한다는 마음으로 전략을 수립하고 과감하게 실행해야 한다.

빨리 가는 것보다 멀리 가는 게 더 중요하기 때문이다.

-(현) Sylvan Capital Management, Chief Operating Officer
-(전) Deutsche Bank, Credit Suisse, Societe Generale (Hong Kong)
한국 주식구조화상품 담당

오재민

황주업 대표님을 알게 된지는 얼마 되지 않았다. 우연한 계기에 소개를 받아서 1박2일 동안 함께 지내게 된 것이 시작이었다.

짧으면 짧고 길면 긴 시간을 함께 보내면서 많은 이야기를 나누었다. 대표님은 중국 유통에 대한 뛰어난 이해도를 갖고 있었다. 한국 사람에게 이런 느낌을 받은 건 처음이었다. 그를 아는 중국 사람, 한국 사람 대부분이 이에 동의한다.

중국에 대한 궁금증을 항상 가지고 있었다. 많은 중국 전문가들을 만나보았다. 하지만 대부분 현실과 이상의 괴리가 너무 컸다.

미리 보내주신 원고를 읽고 역시 대표님은 다르다는 생각이 들었다. 수많은 다양성과 변수 속에서 힘든 시기를 보내고 있는 나에게는 공감되는 내용이 많았다. 실제 현실과 이론이 균형 있게 배치되어 있다는 생각도 들었다.

지금 이 순간에도 중국은 변하고 있다. 앞으로 더 빠르게 변할 것이다. 그러나 이 책에 나온 내용들은 시간이 지나도 유용할 것이다. 중국 시장의 현실에 대해 자신이 실제로 경험하고 고민한 '본질'이 담겨 있기 때문이다.

빠르게 변하는 세상에 발맞춰 움직이고, 중국이라는 큰 시장의 변화에 보조를 맞추고 싶은 분들에게 일독을 권한다. 예전의 좋았던 중국 시장을 간접 경험하고, 현재의 중국 시장에 대비하며, 더 나아가 미래를 창조하는 분들에게 분명히 도움이 될 것이다.

중국의 미래는 아무도 모른다. 그 누구도 감히 예측할 수 없다고 생각한다. 중국 시장에 전문가는 없다. 그런 시대다. 이 책을 읽고 나면 이해가 될 것이다.

-코스토리 대표 **김한균**

황주업 대표는 제가 지금까지 만나온 한국 기업인 중에서 중국 시장의 생리와 타오바오 시장, 그리고 왕홍의 생태계를 가장 잘 이해하고 있는 분입니다.

이 책에서 저자는 한국 기업들이 중국 시장을 잘 이해하지 못해서 반복해저 저지르는 실패의 양상과 이유를 잘 설명하고 있습니다. 이는 한국 기업들이 반드시 반면교사로 삼아야 한다고 생각합니다.

중국 시장 진출의 실전 지침서가 필요한 분들께 자신 있게 추천합니다.

- VT 코스메틱 중국 대표, 습니다창고 대표 **동초**

1부 - 빠르게 변하는 중국 시장, 변화와 착각 사이

CONTENTS

2부 - 중국 시장 타오바오가 답이다

1장 판매 생태계를 형성하라 113

2장 타오바오가 답이다 142

CONTENTS

성공과 실패에는 반드시 이유가 있다.

저는 중국에서 10여 년간 살다가 한국에 돌아와서 한국 기업의 중국의 유통과 마케팅을 돕고 있습니다.

그동안 중국에 진출하고 싶어하는 많은 한국 기업들과 일해 왔습니다. 한국 기업들은 다양한 매출 규모, 다양한 기업 문화, 다양한 제품과 브랜드를 가지고 있었지만 중국 진출에 있어서 만큼은 비슷한 양상을 보였습니다.

그 과정이 쌍둥이처럼 비슷해서 놀라울 정도였습니다. 중국에서 한때 잘나가다가 어려움을 겪고 있는 수많은 한국 기업들은 주가의 흐름조차 비슷할 정도입니다.

왜 그럴까요? 해당 기업 오너들이나 임원진, 실무자들이 성공에 도취되어서 엉뚱한 짓을 벌여서 그럴까요? 아니면 오만하고 게을러져서?

그런 기업도 있겠지만 대다수는 그렇지 않았습니다. 잘 알려진 것처럼 한국인처럼 근면 성실한 사람들은 별로 없습니다. 개인도, 기업도, 심지어 국가까지 성실합니다. 이번 코로나 사태를 봐도 알 수 있지요?

중간에 여러 가지 문제와 어려움이 있었지만요.

그렇다면 이유가 뭘까요? 간단합니다. 성공한 이유를 모르기 때문입니다. 왜 성공하는지도 모르고 성공했기 때문입니다.

성공의 이유를 모르면 성공을 반복할 수 없다

왜 성공했는지를 모르니까 성공을 반복하지 못하는 것입니다. 성공의 이유를 모른다는 건 성공으로 가는 길을 모른다는 뜻이니까요.

성공의 이유를 모르고 어떻게 성공했냐고요? 그것도 간단합니다. 어떤 중국 사람들이 온 힘을 다해서 한국 회사와 제품을 성공시켜줬기 때문입니다.

그 중국인들이 착해서가 아니었습니다. 자신이 부자가 되기 위해 노력했을 뿐입니다. 품질 좋고 이윤이 높은 한국 제품을 들여와서 팔았던 것뿐이지요. 그런데 그 중에서 일부가 대박이 났던 것입니다.

한국 제조사가 대단한 마케팅 스킬을 발휘해서가 아닙니다. 영문도 모른 채 호랑이 등에 올라탔던 것입니다. 호랑이 등에서 흔들리다가 정신을 차려보니 부자가 되어 있었던 것입니다.

그런데 이제는 호랑이 등에서 내려서 자신의 발로 걸어가야 합니다. 멀리 산꼭대기에 "성공"이라는 이름의 궁전이 보이지만, 도대체 어느 길로 가야 할지 알 수가 없습니다. 당연하죠. 그들을 그곳까지 데려온 건 그들의 두 다리가 아니라, 생전 처음 본 중국 호랑이들이었으니까요.

그래서 큰 돈을 들여서 더 좋은 장비와 짐꾼, 길잡이, 심마니까지 고용합니다. 중국을 잘 아는 학자와 전문가도 영입합니다. 컨설팅도 받고 시장조사도 합니다. 모두가 적지 않은 비용이 드는 일들입니다.

그리고 호기롭게 길을 떠납니다. 야심차게 신제품을 런칭하는 것입니다. 이번에는 첫 번째보다 몇 배는 더 돈을 벌 수 있을 거라고 믿습니다. 아무 것도 모를 때도 그렇게 많은 돈을 벌었는데, 이제는 충분한 자금과 인력까지 갖추었으니까요. 철저한 시장조사를 통해 만들어낸 더 좋은 제품은 기본이고요.

중국 시장에서 실패하는 법

하지만 십중팔구는 실패합니다. 어? 이 길이 아니었나? 다른 쪽으로 갑니다. 이 길도 아니었나봐? 머리를 싸맵니다. 악전고투합니다.

내 제품을 '팔아주던' 보따리장수들과 총판, 타오바오 판매상들을 모두 정리합니다. 더 좋은 조건으로, 더 크고 번듯한 벤더와 계약하기 위해서지요. 이젠 우리 제품과 브랜드의 '급'이 달라졌으니까요.

그리고 망합니다. 적어도 제가 아는 한 예외는 단 하나도 없었습니다.

여기서 그치지 않습니다. 심기일전해서 재도전합니다. 그리고 또 실패합니다. 대부분의 기업들이 비슷한 시행착오를 반복합니다. 당연히 실패도 반복되겠지요?

제가 하고자 하는 말은 틀린 방식을 반복하지 말자는 것입니다. 잘못된 방법을 반복하면 잘못된 결과밖에 나오지 않으니까요.

실패가 반복되면 남는 것은 절망과 후회, 그리고 포기뿐입니다. 상당수의 기업들이 중국 시장을 포기하는 것입니다. 그리고는 이렇게 말합니다.

"역시 중국은, 중국인은, 중국 시장은 수수께끼다. 혼돈의 카오스다.

한국 사람은 이해할 수가 없다."

"중국을 아는 사람일수록 중국을 모른다고 말한다."라는 알쏭달쏭한 말까지 곁들입니다.

과연 중국 시장은 상식의 범주를 넘어선 '해괴한' 시장일까요?

그랬다면 저는 이 책을 쓰지 않았을 것입니다.

중국은 그저 인구가 많고 땅덩이가 큰 나라일 뿐입니다. 자신이 중국을 이해하지 못했다고 해서, "중국은 원래 이해할 수 없는 나라다."라고 할 필요는 없지 않을까요? 적어도 중국 시장에서의 실패에 대한 변명거리로 삼지는 않았으면 좋겠습니다.

사실 중국을 몰라도 상관 없습니다. 중국에서 비즈니스를 하기 위해 중국 자체를 알 필요는 없으니까요. 중국 시장의 매커니즘과 소비자들의 생리를 이해해서 내 물건을 하나라도 더 많이 팔면 그걸로 족합니다.

그래도 부족한 부분은 중국 판매상들과 파트너십을 구축해서 해결하면 됩니다. 윈-윈 관계와 신뢰 관계가 제대로 형성되면, 그전에는 생각지도 못했던 효과를 얻을 수 있습니다. 이것이 미심쩍은 꽌시보다 백만 배는 더 효율적입니다.

중국 시장에서 성공하기 위하여

다시 말씀드리지만 중국 시장에서 성공할 수 있는 방법은 존재합니다. 어렵거나 복잡하지도 않습니다. 추상적이지도 않습니다.

그런 쉬운 방법이 있다면 왜, 한국 기업들은 그 방법을 쓰지 않을까요?

처음에는 저도 그 이유가 궁금했습니다. 그러나 중국에 진출했거나 진출하고 싶어하는 한국 기업들과 일하면서 차차 알게 되었습니다.

중국에서 계속 성공하는 한국 기업과 그렇지 못한 한국 기업의 차이가 무엇인지, 그 핵심적인 차이를 깨닫기 시작한 것입니다. 중국에서 성공한 한국 기업과 실패한 중국 기업의 차이는, 중국에서 성공한 한국 기업과 중국에서 성공한 중국 기업의 차이보다 더 컸습니다.

지금부터 그 이야기를 들려드리겠습니다.

기업의 오너, 임원진, 그리고 실무자들이 이 책을 읽고 성공의 법칙을 실천하시기 바랍니다. 성공을 반복하여 번영하시기를 바랍니다. 분명히 그렇게 되실 수 있습니다. 제가 알려드리는 방법은 자본금이나 매출액과 상관이 없습니다. 중국 전담 조직의 규모가 크든 작든, 회사에 자금이 많든 적든 무관하게 어떤 기업도 실천할 수 있습니다.

중요한 것은 경영진입니다. 경영진의 태도와 인사이트, 마인드가 그 무엇보다도 중요합니다. 그래야 올바른 방향을 세우고 지켜나갈 수 있기 때문입니다. 진부한 말이지만 속도가 아니라 방향이 중요합니다. 방향이 잘못되면 아무리 열심히 달려도 목표에 도달할 수 없으니까요. 오히려 목표와 더욱 멀어질 뿐이지요.

그런데 현실은 거꾸로입니다. 한국 제품과 브랜드는 대부분이 실무자가 아니라 경영진의 잘못으로 실패합니다. 중국 시장을 진솔하게 이해하려 하지 않고 한국식으로 바라보니까 자꾸 이상한 쪽으로 흘러가는 것입니다.

대부분의 경영자들은 중국을 잘 아는 실무자들을 많이 데리고 있으면 중국 사업이 잘 될 거라고 믿습니다. 이것은 반은 맞지만 반은 틀린 말입니다. 실무자보다 경영진의 태도와 마인드가 훨씬 더 중요하기 때문입니다.

그래서 기왕이면 기업의 결정권자들이 이 책을 보셨으면 좋겠습니다. 사실 제 경험상 실무자들은 제 생각에 200% 이상 공감하기 때문입니다. 중국인 직원이든 한국인 직원이든 똑같았습니다.

그러나 한국식 기업문화와 사고방식에 찌든 많은 경영자들이 그렇지 못했습니다.

차라리 아무 것도 하지 마라

실제로 중국에 지사를 내고 일찌감치 진출한 기업들보다 그냥 내버려둔 회사들의 성적이 더 좋은 경우도 있습니다. 이것은 제 '뇌피셜'이 아니라 객관적인 사실입니다.

물론 이제는 그런 사례가 더 나오기 어렵습니다. 그것은 공급이 수요를 따라가지 못했던 시절의 꿈 같은 이야기니까요. 지금의 중국 시장은 가성비 좋은 중국 브랜드들과, 역사와 고품질을 내세운 글로벌 브랜드들의 각축장이기 때문입니다.

즉 공급자 위주 시장에서 수요자와 유통업자 위주로 바뀐지 오래입니다. 따라서 당신의 기업과 브랜드, 상품을 중국 시장에 적극적으로 알리고 판매하지 않으면 안 됩니다. 신데렐라 스토리는 더 이상 없으니까요.

물론 대다수의 한국 기업들도 이 사실을 잘 알고 있습니다. 그래서 적지 않은 홍보마케팅 비용을 지출하고 계십니다. 하지만 그렇게 해도 매출이 예전만 못한 경우가 많습니다. 속 시원한 해결책이 없어서 답답해하시는 경영자와 기업들도 적지 않고요.

이 책은 그런 분들을 위한 책입니다.

성공과 실패를 좌우하는 핵심 요인

이 책에서는 가성비 좋은 왕홍을 찾아내서 섭외하는 법, 틱톡과 콰이쇼우의 차이점과 활용법, SEO(검색엔진최적화) 비결 같은 것은 다루지 않습니다.

그런 내용들은 기존의 중국 마케팅 책에서 이미 많이 다루고 있기 때문입니다. 인터넷에도 수많은 정보가 나와 있고요.

한국 기업들이 중국 시장에서 고전하는 진짜 이유는 따로 있습니다.

이 책에서는 바로 그 '진짜 이유'에 대해 말씀드리고자 합니다. 다른 말로 하면 '성공과 실패를 좌우하는 핵심 요인'을 알려드리겠다는 말입니다. 그것을 찾아내서 제시하는 것이야말로, 경영자의 고유 업무인 '기업이 나아갈 방향을 설정하는 것'이라고 생각합니다.

미국과 일본의 경영 구루들이 "성공의 비결은 성공의 핵심 요소를 찾아내서 매일 반복하는 것이다."라고 말한 이유가 여기에 있습니다.

그럼 지금부터 중국 시장에서의 성공과 실패를 좌우하는 핵심 요인들에 대해 말씀드리겠습니다.

김회장님의 우울

- 누가 회장님의 치즈를 옮겼을까?

"제길… 대체 뭐가 문제야?"

모 코스메틱 기업의 오너, 김회장님이 회장실에서 한탄하고 계십니다.

오랫동안 화장품과 뷰티 용품을 판매해왔던 중견기업 오너이신 김회장님.

대략 10여 년 전부터 갑자기 중국에서 매출이 폭증한 덕분에 김사장에서 김회장님이 되셨어요. 김사장님, 아니 김회장님 회사에서 만든 "K-굼벵이 크림[1]"이 중국에서 그야말로 날개 돋친 듯이 팔려나갔기 때문이지요.

몇십 억이었던 연매출이 눈깜짝할 사이에 몇백 억으로, 정신을 차리고 보니 몇천 억으로 수직 상승했어요. 중소기업이 중견기업으로, 다시

1 김회장님과 K-굼벵이 크림은 가상의 인물과 제품입니다.

대기업 바로 턱밑까지 뛰어오른 것입니다.

김회장님은 어리둥절했습니다. 갑작스러운 성공에 불안하기까지 했지요.

하지만 그것도 잠시!

김회장님은 자타공인 중국 전문가로 활동하기 시작했습니다. 누구나 모시고 '한 말씀' 듣고 싶어하는 유명인사가 된 것입니다. '중국에서 성공하는 다섯 가지 방법', '중국에서 실패하는 열 가지 이유' 등의 책도 냈고요.

하지만 김회장님은 아직도 배가 고팠습니다.

"이제 본격적으로 중국 시장에 진출한다! 중국 시장을 정복하고 세계 최고의 코스메틱 기업이 되는 거야!"

김회장님은 자신만만했습니다. 상하이를 시작으로 중국 주요도시에 지사를 설립했고, 명문대 출신 인재들과 막강한 꽌시를 가진 영업자를 영입했으며, 야심차게 개발한 신제품을 런칭하고 막대한 마케팅 비용을 퍼부었습니다.

몇 년 동안 성장이 계속되었습니다. 주가는 계속해서 올랐고 매출은 매년 기록을 갱신했습니다. 김회장님의 성공은 영원할 것처럼 보였습니다.

하지만 2, 3년 전부터 무언가가 바뀌기 시작했습니다.

정확히 뭐가 바뀌었다고 하기는 어렵지만 분명히 무언가가, 굳이 말하자면 분위기라고 할까요? 시나브로 바뀌기 시작한 것입니다.

중국 판매상들과 벤더들의 분위기, 태도, 주문량 등등…

급기야 매출이 떨어지기 시작했습니다. 모든 지표 중에서 가장 확실한 지표인 판매량이 줄어들기 시작한 것입니다. 그와 동시에 영업이익도 하락하기 시작했습니다. 정신을 차리고 보니 누가 봐도 하향세가 뚜렷해졌습니다. 하늘 높은 줄 모르고 치솟던 주가도 확실한 하향곡선을 그리기 시작했고요.

온갖 방법을 동원했지만 백약이 무효였습니다.

직원들을 닦달해보고, 하소연도 해보고, 전문가를 초빙해보고, 마케팅 비용을 쏟아부어 보았지만 달라지지 않았습니다. 오히려 하락이 가속화되기만 했습니다.

야심차게 내놓은 신제품들도 줄줄이 실패했습니다. 그러더니 굳건하게 버티던 효자상품, "K-굼벵이 크림"조차 흔들리기 시작하는 게 아니겠습니까?

추락하는 것은 날개가 있다고 했던가요?

추락하는 자에게 날개는 있을지 몰라도 바닥은 없었습니다.

승승장구하던 김회장님의 회사는 중국 사업을 축소할 수밖에 없었습니다. 더 이상은 예전과 같은 규모를 유지할 수 없게 되었기 때문입니다.

결국 상하이 지사 하나만 남겨두고 모두 철수했습니다. 직원이 두세 명뿐인 상하이 지사조차 언제 철수해도 이상하지 않은 상황이었죠..

김회장님은 요즘 몇 년 전과 정반대의 강연을 하고 페이스북에 글을 올립니다.

"중국은 불가사의한 곳이다!! 중국은, 중국인은, 중국 시장은 알 수 없는 곳이다! 알려고 하지도 마라!"

더 나아가 중국을 비난하기 시작했습니다. "문제는 중국이다! 아니, 중국이 문제다!" 라는 말이 입버릇이 되었지요.

사드와 한한령, 미중무역전쟁이 순차적으로 일어난 것은 차라리 다행이었습니다. 김회장의 주장을 증명하는 근거가 되어주었기 때문입니다. 김회장님의 실패에 대한 확실한 이유이자 변명거리가 되어준 것이지요.

똑같은 상황에서도 견조한 성장세를 유지하는 기업과 제품, 브랜드들이 있다는 사실은 애써 무시해야 했지만요.

"휴우우~"

김회장님이 긴 한숨을 내쉬며 한탄했습니다.

돌이켜보면 성공도 실패도 한여름 밤의 꿈만 같았습니다.

그러나 마음 한구석에는 오래된 의문이 풀리지 않은 채로 남아 있었습니다.

'대체 나는 왜 중국에서 성공했고, 어째서 성공을 이어나가지 못한 걸까?'

'나는 똑같이 해왔다. 아니, 갈수록 더 많은 돈을 들여가며 더 열심히 했었지. 하지만 왜?? 더욱 더 나빠지기만 했던 걸까?'

김회장님은 오래 전에 읽었던 어느 책의 제목을 떠올리며, 마지막으로 한 번 더 질문을 던졌습니다.

'도대체 누가 내 치즈를 옮긴 거야?'

1부
빠르게 변하는 중국 시장, 변화와 착각 사이

Quick Tips

중국 시장은 '빠르게 변하고 있다'는 말로는 묘사하기 힘들 정도로 빠르게 변하고 있습니다. 그러나 중국과 중국 시장에 대한 인식은 아직도 5년 전, 10년 전, 심지어 20년 전에 머물러있는 것 같아서 안타까울 때가 많습니다.
이러한 변화를 면밀히 관찰하고, 겸허하게 받아들이며, 능동적으로 대응해야 중국 시장에서 성공할 수 있습니다.

1장 김회장님의 의문

> 과거에 사로잡힌 사람은 그보다 더 나은 내일을 맞이할 수 없다.
> You can't have a better tomorrow if you're thinking about yesterday.
> — Charles Kettering

주가가 떨어진 이유는?

지금부터 실제 한국기업의 사례를 조금 각색해서 말씀드리겠습니다.

A사와 B사는 한국의 소비재 대기업입니다. 두 회사는 중국에서 큰 성공을 거두었습니다. 가히 차이나 드림(China Dream)의 모범사례라고 할 정도였지요.

B사는 그러한 성공 신화를 계속 이어가고 있습니다. 폭발적인 성장세는 끝났지만 일정한 시장점유율을 유지하고 있는 것입니다. 후속 제품들도 나름대로 시장에 안착하고 있습니다. 중국 진출 초기에 대박을 쳤던 효자상품만큼은 아니지만요.

그런데 A사는 몇 년 전부터 계속 내리막입니다. 중국 시장을 목표로 야심차게 출시한 신제품들이 맥을 못 추고 있습니다. 급기야 오늘의 A사를 있게 했던 효자상품마저도 흔들리고 있지요. 중국이 대부분을 차지하는 아시아 매출이 작년 대비 5분의 1 이상 줄었고, 영업이익은 아예 적자로 돌아섰습니다.

혹시 작년 매출이 너무 높아서 일어난 착시 효과는 아닐까요? 작년에 갑자기 늘어난 매출이 제자리를 찾아간 찾아간 것은 아닐까요? 안타깝게도 그렇지 않습니다. 작년 매출은 재작년보다 작았고, 재작년 매출은 3년 전보다 작았습니다.

작년이 올해보다 낫고 옛날이 지금보다 더 좋은 상황!

더 큰 문제는 돌파구가 없다는 것입니다. 어떻게 하면 문제를 해결할 수 있을지, 어떻게 해야 매출과 영업이익을 늘릴 수 있을지, 온갖 방법을 다 써봤지만 알 수가 없었습니다.

좋다는 건 다 해보고 돈은 돈대로 썼는데도 상황은 나아지지 않았습니다. 백약이 무효라는 말이 무색할 정도였지요. 비싼 중국 전문 인력을 채용하고 막대한 마케팅 예산을 퍼부었는데도 오히려 더 떨어지기만 했으니까요.

가장 답답한 것은 매출이 떨어지는 이유조차 모른다는 것이었습니다. 중국 시장을 내버려둘 때는 팡팡 터지더니, 중국에 지사를 세우고 돈과 사람과 관심을 퍼붓기 시작하니까 쭉쭉 떨어지는 기현상! 미치고 팔짝 뛸 노릇이었지만 뭐가 문제라고 콕 집어서 말해주는 사람이 없었습니다.

그러다 보니 주가도 떨어질 수밖에 없었습니다. 악몽과 같은 우하향 그래프가 계속되었습니다. 사드다 한한령이다 뭐다 해서 대부분의 한국 기업들이 어려움을 겪는 게 오히려 다행일 정도였습니다. 적어도 변명거리는 있는 셈이니까요.

그런데 A사만 그런 것은 아닙니다. A사처럼 중국에서 반짝 성공했다가 계속 하락하는 기업들은 잘 알려진 곳만 해도 수십 곳 이상입니다.

상장되지 않은 회사들은 집계조차 할 수 없습니다. 프롤로그의 '김회장님'은 혼자가 아니었습니다. 같은 고민을 가진 기업 오너와 경영자가 적지 않으니까요.

한국 소비재 기업들이 중국 시장에서 힘을 못쓰는 현상! 이러한 현상은 중국 시장을 조금만 살펴봐도 금세 알 수 있습니다.

화장품의 경우 고가 제품은 미국, 일본, 프랑스 브랜드가 많고 중저가 제품은 대부분 중국 브랜드들입니다. 한국 브랜드도 있지만 많지 않습니다. 한국 언론이나 대중들이 생각하는 것보다 훨씬 적습니다.

이러한 현상은 가격대가 비교적 높은 티몰이나 징동보다, 가성비와 가격을 중시하는 타오바오에서 두드러집니다. 예를 들어 타오바오의 로션 판매 순위를 보면 1위부터 20위까지 전부 중국 브랜드입니다. 14위와 15위만 프랑스 브랜드인 로레알 제품이고요. 한국 제품은 하나도 없습니다.

징동의 로션 판매 순위는 1위부터 3위까지가 로레알이고 그 다음부터는 중국과 프랑스 브랜드가 번갈아 등장합니다. 일본 브랜드 SK2 제품이 15위에 위치하지만 한국 제품은 단 하나도 없습니다. 특이하게 한국 브랜드가 45%를 차지하는 징동닷컴 BB크림 카테고리를 제외하면 한국 브랜드가 맥을 못 추고 있습니다.[2]

공신력을 높이기 위해 논문을 인용하였지만, 사실 저와 제 회사 직원

2 중국 화장품 온라인 시장 분석, 정소영, 김예지, 2019 (2019년 5월 21일 기준)

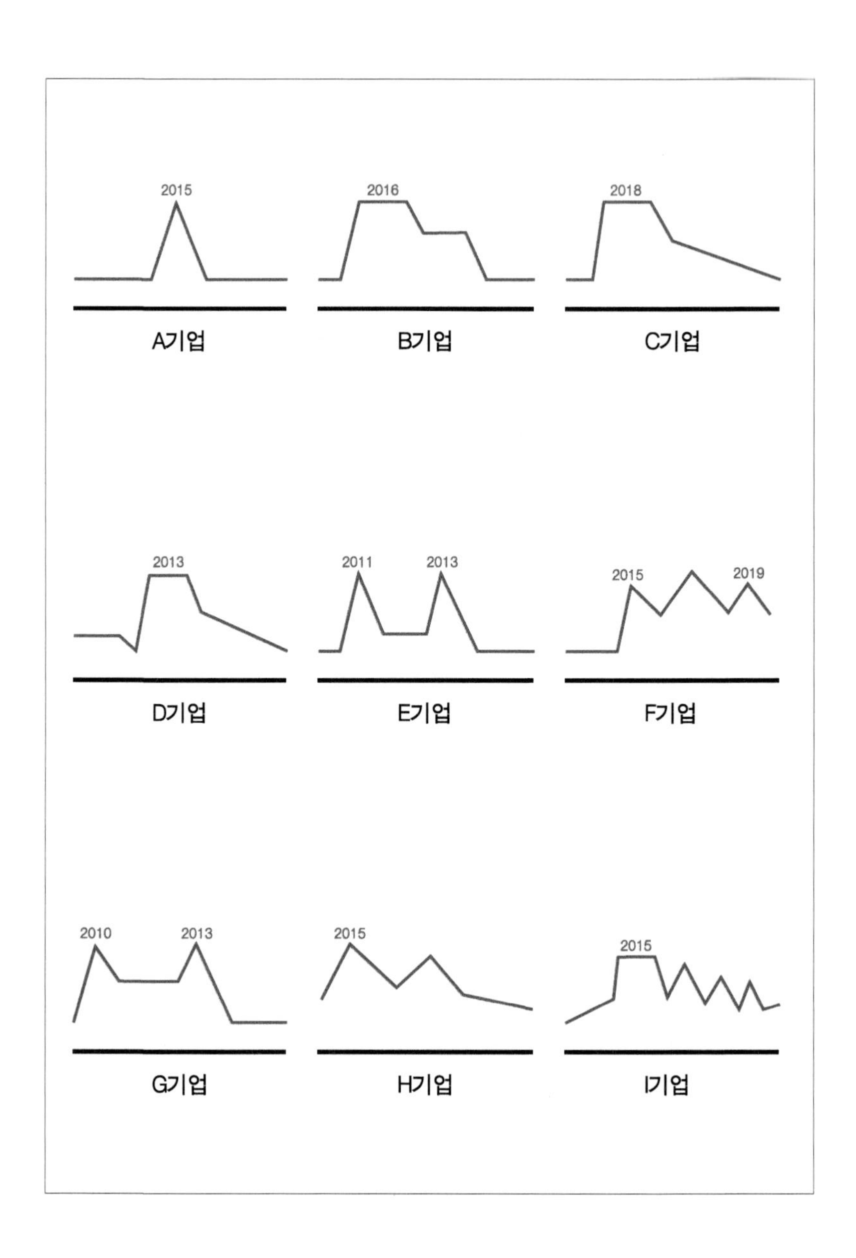
2015
A기업
2016
B기업
2018
C기업
2013
D기업
2011
2013
E기업
2015
2019
F기업
2010
2013
G기업
2015
H기업
2015
I기업

들은 몇 년 전부터 이러한 흐름을 피부로 느끼고 있었습니다.

해답은 유통망 구축과 타오바오에 있다

그렇다면 모든 한국 기업들이 중국에서 실패하고 있을까요? 시쳇말로 '잘나가는' 회사는 전혀 없을까요?

물론 그렇지 않습니다. 지금 이 순간에도 중국 시장에서 선전하는 한국 기업들이 적지 않습니다. 중국에 새로 진입하는 한국 기업들 중 일부, 그리고 전략을 바꿔서 중국에 재도전하는 기업들 중 일부는 좋은 결과를 내고 있습니다.

예를 들어 B사는 전년보다 영업이익이 소폭 상승했습니다. 코로나 사태의 여파 속에서도 말이죠. 언론에서는 그 이유가 생활용품, 음료 사업 등이 선방했기 때문이라고 짚고 있지만 제 생각은 조금 다릅니다. 저는 B사가 A사와 다른 방식으로 마케팅과 유통을 했기 때문이라고 생각합니다.

두 기업의 차이점은 이 책 곳곳에 반복적으로 나옵니다. 결론만 미리 간단히 말씀드리면, B사는 A사와 달리 방문판매, 총판 등의 전통적인 유통망과 타오바오를 효과적으로 활용했기 때문에 선방할 수 있었다고 생각합니다.

그에 비해 A사는 중국 내 유통망과 유통 방식을 혁신하면서 이러한 '구태의연한' 유통망을 혁신(?)했습니다. 제가 혁신 뒤에 물음표(?)를 붙인 이유는, 겉으로는 합리적으로 보이는 그러한 조치가 최악의 결과를 낳았기 때문입니다. 복잡하고 번거로운 유통망을 단일화·단순화하고, 타오바오의 보따리상들을 정리하고, 고급화 전략에 매진했던 것이 오히려 매출과 영업이익을 갉아먹고 있었던 것입니다.

A기업은 아직도 그게 왜 잘못되었는지 모릅니다. 진짜 이유, 즉 원인을 모르니 올바른 해결책을 내놓을 수도 없습니다. 고장난 나침반으로는 목적지에 갈 수 없습니다. 수레바퀴를 튼튼히 하고 말을 살찌워봤자 아무 소용 없습니다. 낭떠러지에 더 빨리, 더 효율적으로 도착할 뿐이지요.

하지만 지금 이 순간에도 적지 않은 한국 회사들이 그렇게 하고 있습니다. 막대한 돈과 귀중한 인재들을 '갈아넣어서' 낭떠러지를 향해 으 으 달려가고 있는 것입니다.

한국 기업들의 중국 진출을 돕는 일을 하다 보면 그런 사례를 많이 보고 듣게 됩니다. 처음에는 답답하고 안타깝고 화가 났습니다. 중국 전문가가 그렇게 많다는데, 그렇게 많은 돈을 버는 중견기업, 대기업인데 왜 저렇게밖에 못하지? 이해가 가지 않았습니다. 제 눈에는 너무 빤히 보였기 때문입니다.

그러나 중국에서 돌아온 뒤 한 해, 두 해가 지나면서 조금씩 한국 기업들을 이해하게 되었습니다. 예전에는 '왜 저렇게 하지?'라고 생각했는데, 지금은 '왜 그러시는지는 아는데요, 그렇게 하시면 안 되고 이렇게 하셔야 돼요.'라고 말씀드릴 수 있게 된 것입니다.

제가 이 책을 쓴 이유가 바로 여기에 있습니다.

왜 내 제품을 안 살까?

하지만 김회장님은 아직 그 이유를 모릅니다. 그래서 자나깨나 궁금해하고 계십니다.

'왜 저 회사들은 매출과 이익이 증가하는 거지? 대박은 아니더라도 꾸

준히 실적을 유지하는 비결이 뭘까? 내 회사, 내 제품, 내 브랜드와 뭐가 다른 걸까?'

이러한 질문들은 가장 근본적이고 핵심적인 질문입니다. 일설에 의하면 상인(商人)이라는 말은 수천 년 전에 멸망한 중국 상(商)나라 사람들이 장사를 시작한 데서 유래했다고 합니다.

상(商)나라 사람들이 상업(商業)을 시작했던 이후, 전세계의 모든 상인들은 '왜 내 제품을 안 살까? 내 제품이 팔리게 하려면 어떻게 해야 할까?'를 고민해 왔습니다. 마케팅과 경영학은 그 고민의 결과로 태어났다고 해도 틀린 말은 아닐 것입니다.

김회장님은 그동안 많은 '수업료'를 치러왔습니다. 수많은 중국 전문가들의 컨설팅과 조언을 들었고, 임직원들을 닦달해서 고도의 전략을 수립해 왔습니다. 그렇게 해도, 아니 그렇게 할수록 매출은 더욱 떨어졌지만 헛수고는 아니었습니다. 그러한 과정이 있었기에 다음과 같은 통찰에 도달할 수 있었기 때문입니다.

'문제의 핵심은 중국 소비자가 아니라 중국 판매자들이 아닐까?'

김회장님이 소파에 깊숙이 기대앉았습니다. 고급 명품 소파가 불면의 노인을 폭신하게 감싸 안아 주었습니다.

발상의 전환을 이룬 김회장님이 다음과 같이 질문을 바꾸어 보았습니다.

왜 내 제품을 안 팔까?

이것은 국내 기업 오너들과 경영진들이 가장 궁금해하시는 것이기도 합니다. 저는 "이번에 우리 물건(신제품)을 (광고 홍보를 통해) 띄웠는데 왜 안 파는 거냐?"라는 질문을 수도 없이 많이 받았습니다.

중국 판매상들이 우리 제품을 팔게 하려면 어떻게 해야 하는가? 중국에서 신제품을 어떻게 띄워야 하는가? 왜 더 이상 내 물건을 팔지 않는가? 이제는 왜 한국 제품이 안 뜨는가? 왜 신규 브랜드 런칭이 잘 안 되는가?

비슷한 질문이 꼬리에 꼬리를 물고 이어집니다. 속 시원한 해답을 얻지 못한 채로 막대한 마케팅 비용을 투입합니다. 하지만 한국 기업들이 중국에서 적지 않은 돈을 들여서 마케팅을 해도, 중국 판매상들이나 소비자들은 마케팅을 제대로, 충분히 하지 않았다고 인식하는 경우가 대부분입니다.

한국 기업이나 마케팅 대행사들은 억울할 수밖에 없겠죠? 하지만 광고비를 20억에서 200억으로 늘렸을 때, 200억에서 20억으로 줄였을 때 큰 차이가 나타나지 않는다면, 마케팅을 제대로 안(못)했다고 할 수밖에 없지 않을까요?

이런 일이 벌어지는 이유는 의외로 단순합니다. 마케팅 비용을 적재적소에 사용하지 않아서 그런 것입니다. 중국은 사람도 많고 매체도 많기 때문에 제대로 효과를 보기 위해서는 한국보다 훨씬 많은 비용이 들어갑니다. 예컨대 TV광고의 경우에는 웬만한 한국 기업들이 혀를 내두를 정도로 비싸지요. 그러다 보니 한국 기업 입장에서는 엄청난 비용을 썼는데도 마케팅 효과는 신통치 않게 느껴지는 것입니다.

그러면 어떻게 하면 좋을까요? 비교적 적은 비용으로 큰 마케팅 효과를 볼 수 있는 방법은 없을까요?

세계 최대의 온라인 상점, 타오바오

물론 있습니다.

타오바오에, 타오바오를 위한, 타오바오가 원하는 마케팅을 하면 됩니다. 소비자들에게 입소문을 퍼뜨리고 유행을 만드는 곳이 바로 타오바오이기 때문입니다.

하지만 많은 한국 기업들이 정반대로 합니다. 타오바오의 판매상들과 소비자들에게 어필하는 광고를 하지 않는 것은 보통이고, 아예 타오바오에 입점하지 않으려는 회사들도 많습니다. 징동이나 티몰처럼 공신력 있고 품위 있는(?) 플랫폼에서 시작하고 싶어합니다. 타오바오가 가짜(짝퉁)를 많이 팔고 가격 유지가 안 된다는 이유로 납품하지 않는 경우도 많고요.

하지만 그것은 절대 현명한 방법이 아닙니다. 한국으로 치면 네이버 쇼핑에서 한꺼번에 물건을 빼고, 검색조차 안 되게 방치하는 것과 같은 짓이기 때문입니다. 네이버 블로그, 인스타그램, 유튜브 광고, 홍보 없이 사업하는 것과 같다고도 할 수 있습니다.

만약 중국 기업이 한국에서 그렇게 한다면 어떤 생각이 드시겠습니까? 어이가 없으시겠죠? 그러지 말라고 도시락 싸들고 다니며 말리시겠죠? 제가 타오바오에서 철수하지 말라는 이유도, 타오바오에서 마케팅을 하라고 말씀드리는 이유도, 타오바오의 판매상들과 소비자에게 어필하는 마케팅을 하라고 하는 이유도 그와 똑같습니다.

타오바오가 중국 매출의 알파이자 오메가입니다. 중국 마케팅의 시작과 끝이기도 합니다. 타오바오의 판매자들과 소비자들이 원하는 마케팅, 그것이 바로 가성비 좋고 효과 좋은 마케팅입니다. 왜냐하면 중국 소비자들은 물건을 살 때 타오바오부터 들어가보기 때문입니다. 타오바오에서 검색하고 타오바오에서 구입합니다. 마치 상당수의 한국 소비자가 쇼핑을 할 때 네이버 검색부터 하는 것처럼요.

물론 한국 소비자들이 네이버만 이용하지 않듯이, 중국 소비자들도 타오바오만 이용하지는 않습니다. 하지만 타오바오는 기본입니다. 중국에서 살 수 있는 제품이라면 당연히 타오바오에 있어야 합니다. 그렇지 않으면 의심 많은 중국 소비자는 구입 자체를 망설일 수밖에 없습니다.

중국 소비자가 '타오바오에 없는 제품', '타오바오에서 검색했는데 안 나오는 제품'에 대해 느끼는 감정은, 한국 소비자가 '네이버쇼핑에 없는 제품', '네이버로 검색해도 아무 것도 안 뜨는 제품'에 대해 느끼는 감정과 일치하기 때문입니다.

실제로 타오바오에서 상품평이나 후기가 적다는 이유만으로 구매를 단념하는 경우가 비일비재합니다. 나중에 다시 말씀드리겠지만 중국은 저(底)신용사회, 저(底)신뢰사회이기 때문입니다.

그 정도인데 아예 뜨지도 않는다? 그러면 뒤도 돌아보지 않고 '뒤로가기'를 누르는 게 당연하지요.

네이버로도 찾을 수 없는 정체불명의 제품을, 당신은 구입하시겠습니까?

어떻게 파느냐? 그것이 문제로다!

앞에서 말씀드린 코스메틱 대기업, A사와 B사를 기억하시나요?

중국 매출과 영업이익이 계속 떨어지는 A사와, 견조한 실적을 유지하는 B사의 차이는 무엇일까요?

A사는 유명 연예인이 등장하는 광고를 제작하고 방영하는 데에 거액의 자금을 집행했습니다. 보따리상과 짝퉁이 난무하는 근본 없는(?) 타오바오는 무시하고, 믿을 수 있는 자사의 판매망을 중심으로 마케팅을 집중했습니다. 가격과 이벤트를 엄격하고 치밀하게 관리한 것은 물론이고요.

B사는 달랐습니다. 타오바오를 비롯한 다양한 유통 플랫폼, 다양한 판매상들을 인정했습니다. 판매자가 많다 보니 크고 작은 사건도 많았지만 큰 무리 없이 판매를 계속했습니다. 많은 한국 회사들처럼 총판을 여러 군데 두지 않았기 때문에 관리가 쉬운 편이었습니다. 총판이 판매상들을 직접 관리해주기도 했습니다.

A사와 B사는 오프라인 유통 방식도 달랐습니다. A사는 백화점이나 면세점에 주로 입점했습니다. 온라인 마케팅과 유통도 가급적 직접 하고, 개인도 입점할 수 있는 타오바오보다 티몰이나 징동닷컴 같은 플랫폼에 주력했습니다.

그리고 A사와 B사의 차이는 매출의 차이를 낳았습니다.

중국 소비자는 물건이 아니라 신뢰를 산다

중국 소비자는 제품이 아니라 그 제품을 파는 사람, 즉 상인을 믿습니다. 상인에 대한 신뢰가 있으면 제품의 브랜드는 없어도 됩니다. 상인에 대한 신뢰가 없으면 그 어떤 명품 브랜드도 믿을 수 없습니다. 파는 사람을 믿을 수 없는데 그 사람이 파는 물건을 어떻게 믿을 수 있겠습니까?

그러므로 신뢰가 없는 브랜드는 의미가 없습니다. 제품의 브랜드든, 기업의 브랜드든, 상인의 브랜드든 마찬가지입니다. 그래서 중국 판매상들은 신뢰받는 브랜드를 만들기 위해, 아니 자기 자신이 신뢰받는 브랜드가 되기 위해 끊임없이 노력합니다. 소비자는 그 노력을 믿고 제품을 구매합니다. 선순환 구조가 만들어지는 것입니다.

어떤 중국 상인이 한국 제품을 팔지 않는다면, 그 이유가 '신뢰'에 때문일 확률이 높습니다. 대부분의 한국 경영자나 오너들은 '그게 무슨 소리야? 우리가 신뢰가 없다고?'라고 하시겠지요.

하지만 적지 않은 한국 기업들이 중국 판매상의 신뢰를 잃어버렸습니다. 적지 않은 중국 판매상들이 한국 기업들에게 화가 나 있기도 합니다.

한국 기업들은 왜 신뢰를 잃었을까요? 그리고 중국 상인들은 왜 화가 났을까요?

한국 제품, 이래서 안 판다

"한국 사람들은 신의(信義)가 없다. 기업들도 마찬가지다."

중국 상인들과 판매상들이 저에게 가끔 하는 말입니다.

이런 말을 들으면 무슨 말이냐고 펄쩍 뛰실 겁니다. "중국인에게 속은 적은 있어도 속인 적은 없다!"라고 하시면서요.

여기서 '신의가 없다'는 말은 남을 속인다는 뜻이 아닙니다. 상대방의 사정과 체면을 고려해서 마땅히 지켜야 할 '선'을 지키지 않는다는 뜻입니다. 물론 대부분의 경우 한국 기업이 단순히 중국을 잘 몰라서, 중국 시장에 대해 무지해서 벌어지는 '해프닝'에 가깝습니다.

그래서 더 안타깝습니다. 조금만 더 상대방을 잘 이해했다면, 조금만 더 원활하게 소통했다면 벌어지지 않았을 일들이기 때문입니다. 복잡하거나 어려운 이야기도 아닙니다. 다 상식적인 이야기고 얼마든지 예방할 수 있는 것들뿐입니다. 그런 간단한 오해 때문에 수십억, 수백억을 손해보고 신의마저 잃는다면 얼마나 분하고 억울하겠습니까?

저는 10년 넘게 중국 관련 사업을 해왔습니다. 중국에서 중국인을 대상으로 회사를 만들어서 운영해보았고, 중국에 진출하고자 하는 한국 기업을 돕는 일도 오랫동안 해왔습니다.

이 과정에서 수백 명의 중국 상인들과 친구가 되었습니다. 현재 거래 중인 타오바오 상점의 개수만 2천 개가 넘습니다.

중국 판매상들이 무엇을 원하는지, 무엇을 답답해하는지에 대해 많은 이야기를 나누어 왔습니다. 그들이 하는 이야기는 대동소이합니다. 바꾸어 말하면, 몇 가지만 조심하면 중국 판매상들에게 신의를 잃지 않을 수 있다는 뜻입니다. 참 쉽지요?

첫째, 수권서나 정품인증서 같은 서류를 잘 안 준다

중국 사회는 저신용사회입니다. 그래서 오히려 신용의 가치가 더욱 높게 평가됩니다.

중국 소비자는 "믿을 수 있는 사람(상인)이 믿을 수 있는 상품을 판다."고 믿습니다. 중국 상인들이 자신의 신뢰와 신의를 중요시하지 않을 수 없는 구조입니다. 신뢰, 신용, 신의를 쌓는 방법은 간단하지만 어렵습니다. 그리고 시간이 많이 필요합니다. 올바른 상품을 정직하게 파는 행동을 오랫동안 계속해야 하기 때문입니다.

단 한 개의 '짝퉁'이나 불량품이 1천 개의 상품을 파는 판매상을 몰락시킬 수 있습니다. 이것은 중국뿐만 아니라 한국에서도 심심치 않게 벌어지는 일입니다. 소비자들은 해당 기업이나 상인을 불매하는 것을 넘어 분노를 토로하거나 소송을 걸기까지 합니다.

그런데 현실에서는 신용이 높은 판매상은 극소수고, 아직 신뢰를 쌓아가는 판매상이 대다수입니다. 신용이라는 자산과 브랜드가 충분하지 않은 중국 판매상이 한국산 정품을 판매하기 위해서는 증빙서류가 필요합니다. 신용이 높은 판매상들, 타오바오 식으로 말하면 '황금 왕관' 등급 판매자들도 마찬가지고요.

이러한 증빙은 소비자뿐만 아니라 판매자 자신에게도 꼭 필요합니다. 판매 플랫폼, 즉 타오바오에 제출해야 하기 때문입니다. 만약 제출하지 못하면 짝퉁을 (속여서) 파는 것으로 간주되어 불이익을 당합니다. 상점의 점수나 등급이 깎이거나 폐쇄될 수도 있습니다. 이것은 중국 판매상들에게는 사활이 걸린 심각한 문제입니다.

그런데 한국 기업은, 한국 기업의 실무자들은 정품인 것이 분명한데도 이러한 서류를 잘 떼주지 않습니다. '혹시라도 책임지고 싶지 않다.'라는 생각 때문이기도 하고, '내가 왜 그걸 해줘야 해?'라는 '갑질 마인드' 때문이기도 합니다.

다시 말씀드리지만 중국 상인들은 제품의 신뢰보다 자신의 신뢰가 더 중요합니다. 중국 소비자는 제품의 브랜드가 아니라 상인의 브랜드를 보고 구매하기 때문입니다. 그러므로 중국 상인들의 눈에 비친 (일부) 한국 제품은, '이문도 많이 남지 않는데 기본 서류조차 떼어주지 않는 위험한 제품'일 수밖에 없습니다. 굳이 한국 제품을 팔면서 위험을 감수할 필요가 없는 셈이죠.

둘째, 가격관리를 제대로 하지 않는다

가격관리는 너무 안 해서도 안 되고, 너무 많이 해서도 안 됩니다. 중용(中庸)을 지켜야 합니다.

예를 들어볼게요. 중국 판매상들이 타오바오에서 여러분의 제품을 판매하고 있다고 가정해 봅시다.

그런데 누군가 100원짜리 상품을 99원에 팔기 시작합니다. 그러면 빨리 '관리'해줘야 합니다. 99원에 팔지 말라고 직접 연락할 수도 있고, 타오바오 등의 플랫폼이 제공하는 기능을 사용해서 판매를 금지시키거나 벌점을 줄 수도 있습니다.

이렇게 하지 않으면 너도 나도 가격을 낮추기 시작합니다. "어? 쟤가 99원에 파네? 그럼 나는 98원에 팔아야지!" "어? 쟤는 98원에 파네! 그러면 나는 97원이다!"

이런 식으로 97원이 96원이 되고, 96원이 95원이 되었다가, 정신을 차리고 보면 50원 아래로 가격이 폭락하는 것입니다.

몇 번이나 말씀드렸지만 중국 상인들은 자신의 브랜드를 중요시합니다. 그 브랜드를 추종하는 '팬'들도 실제로 많이 있습니다. 몇만 명은 물론이고 몇백만 명이 될 수도 있습니다. 그 팬들 중에는 판매상의 라이프스타일이나 뷰티 어드바이스를 따라하는 사람도 많습니다.

그런 팬들이 '어? 여기는 왜 비싸게 팔아요? 다른 샵에서는 더 싸게 팔던데?'라고 하면 배겨날 수가 없습니다. 어쩔 수 없이 가격을 낮추는 것입니다.

하지만 이렇게 가격을 던지게 되면 누구도 팔지 않는 제품이 됩니다. 가지고 있는 재고만 떨어내면 두 번 다시 재주문을 하지 않을 테니까요. 적정한 이윤이 사라져 버린 상품, 몇이 상품을 재주문할 판매상은 아무도 없습니다.

이것이 바로 '가격관리를 안 해서 망한 사례'입니다. 한국 기업 입장에서 보면, 잘 팔리던 제품이 어느 날 갑자기 전혀 안 팔리게 된 셈입니다.

"나는 아무 짓도 안 했는데 억울하다! 중국 상인들이 농간을 부린 게 틀림없다!"라고 하소연하는 경우가 바로 이런 경우입니다.

반대로 가격관리를 너무 심하게 해서 문제가 되는 경우도 있습니다.

상당수의 한국 회사들이 처음에는 가격관리를 하지 않습니다. 한국 회사는 아무 것도 하지 않았는데 중국 판매상들이 '띄워서' 히트한 경우에 특히 그렇습니다.

그렇게 아무 것도 하지 않고 있다가, 중국에서 '대박'이 나자 흥분해서 가격 '관리'를 시작하는 경우가 종종 있습니다. 예고도 없이 갑자기, 유통도 관리하고 가격도 관리하려고 하는 것입니다.

관리를 하기 위해서 중국 시장을 자세히 들여다보니, 이게 웬걸? 모든 게 엉망진창으로 보입니다. 중간유통 단계는 왜 이렇게 길고 복잡한지, 중간상인들은 왜 이렇게 많은지, 이해가 안 되는 게 한두 가지가 아닙니다.

그래서 갑자기 새로운 총판과 대리점을 설립합니다. 베이징이나 상하이에 지사를 설립하는 것도 빼놓을 수 없겠죠? 그리고 타오바오나 티몰에서 일정 가격 이하로 판매하던 상점들에게 모조리 벌점을 매깁니다. 온라인 쇼핑 플랫폼들은 제조사나 독점권자, 또는 대행사가 전체 판매자들에게 가격 제한을 걸 수 있게 해주거든요.

그러면 어떤 일이 벌어질까요? 한 마디로 난리가 납니다. 이 회사의 제품을 판매해왔던 중국 판매상들이 한순간에 벌점을 먹게 되었으니까요. 이 책에서 누누이 강조했듯이 중국 상인들은 자신의 신용과 브랜드가 중요합니다. 그것 자체가 차별화 요소가 되기 때문입니다. 신용등급(상점등급)이 높으면 조금 비싸도 그곳에서 사는 게 중국 소비자들이니까요.

그렇게 소중한(!) 신용도에 뜬금없이 스크래치가 난 상황! 화가 나는 게 당연하겠죠? 실제로 이것 때문에 "앞으로 두 번 다시 한국 상품을 팔지 않겠다!"라고 선언하는 중국 판매상도 많았답니다.

그밖에도 사전협의 없이 회사입장만 강요하는 경우, 재고가 많은데도 높은 가격을 강요하는 경우, 판매 플랫폼에 따라 가격이 다르다는 것을 무시하고 한국식으로 가격을 통제하려는 경우도 문제입니다. 저는 이것들을 한 마디로 '중국(시장)의 룰에 맞지 않는 가격 관리'라고 부릅니다.

물론 가격관리는 필요합니다. 단, 적당한 타이밍에 적절한 방법으로 해야 합니다.

예를 들면 타오바오 등의 대형 판매상들은 은근슬쩍 규정 가격보다 낮춰서 팔기도 합니다. 그러면 우선 벌점을 부과하거나 판매를 제한하게 되는데요, 이 경우에 대형 판매상으로부터 연락이 옵니다. "아니, 어떻게 나한테 이럴 수 있어요? 좀 풀어주세욧!" 그러면 전후 사정을 파악해서 슬쩍 풀어주기도 합니다.

이와 같이 상황이나 상대에 맞게 '운영의 묘'를 살려줘야 합니다. 이를 위해서는 중국과 중국 시장, 중국 판매상, 중국 온라인 쇼핑 플랫폼, 그리고 중국 소비자에 대한 이해가 꼭 필요하겠죠?

한국 기업들은 중국 유통 시스템과 플랫폼에 대한 이해가 부족할 수밖에 없습니다. 그러므로 중국 총판이나 대행사, 판매상들과 끊임없이 소통하면서 신축성 있게 가격을 조절 및 조정해야 합니다. 일본말로 '유도리 있게'해야 하는 것입니다.

가격관리도 중요 하지만 판매하고 있는 사람들과 적이 될 필요는 없으니까요.

타오바오에서 잘 팔려야 모든 곳에서 잘 팔린다

앞에서 말씀드렸듯이, 어떤 한국 기업들은 무조건 같은 가격으로 팔라고 강요합니다. 하지만 이는 중국 온라인 플랫폼의 특수성을 인정하지 않는 처사입니다.

예를 들어 타오바오와 티몰에 올라온 상품의 가격이 같다면, 소비자들은 대부분 티몰에서만 사려고 할 겁니다. 그렇게 하면 타오바오 판매상들이 그 제품을 팔지 않겠죠?

그럼 타오바오에서 안 팔고 티몰에서만 팔면 되지 않냐고요? 그렇지 않습니다. 중국만의 독특한 온라인 유통 시스템과 소비자의 구매 패턴 때문입니다.

중국 소비자는 쇼핑을 할 때 타오바오부터 검색합니다. 한국 소비자가 상품을 구매할 때 네이버 또는 네이버쇼핑부터 검색하는 것과 같습니다. 물론 타오바오 이외에 틱톡, 샤오홍슈, 바이두 등으로 검색하기도 합니다. 마치 한국 소비자가 유튜브, 지마켓, 인스타그램을 검색하듯이요.

하지만 이 비중은 크지 않습니다. 중국 소비자가 타오바오를 활용하는 비중은 한국 소비자가 네이버를 이용하는 비율 이상입니다.

그런데 앞서 말씀드린 이유 때문에 타오바오 상인들이 팔지 않으면 어떻게 될까요? 중국 소비자는 이상하게 생각하고 구매를 망설일 것입니다. 이것은 중요한 문제이기 때문에 여러 번 반복해서 말씀드리고 있습니다.

타오바오와 SNS에 최대한 많이 노출되게 하라

중국 시장에서는 브랜드(제조사)와 소비자 사이에 수많은 판매상들이 존재합니다. 예를 들면 다음과 같습니다.

총판 > 1대리 > 2대리 > 펀샤오(분소상) > 타오바오 점주 > 소비자

이와 비해 한국은 유통단계가 단출합니다. 요약하면 다음과 같습니다.

브랜드 > 소비자
브랜드 > 내부 대리점 > 소비자
브랜드 > 외부 벤더(유통업자) > 소비자

물론 제품에 따라 천차만별이지만, 중국처럼 세분화되어 있지 않은

것은 분명합니다. 바로 이 부분이 한국 기업들이 가장 이해하지 못하고, 어려워하는 부분입니다. 유통단계가 길고 복잡해서 좋은 게 뭐가 있냐는 것입니다.

그러나 중국 시장에서는 반대로 생각해야 합니다. "내 물건을 파는 사람이 많을수록 좋다."고 생각해야 한다는 말입니다.

그 이유는 다양합니다. 가장 중요한 이유 중 하나는, 타오바오를 비롯해서 최대한 많은 사이트와 SNS에서 상품이 검색되어야 하기 때문입니다.

이때 좋은 평가만 있으면 좋겠지만 나쁜 평가라도 없는 것보단 낫습니다. 적어도 누군가는 돈을 주고 구입했다는 뜻이니까요. 100% 좋은 평가만 받는 제품도 거의 없고요.

이때 위력을 발휘하는 이들이 바로 판매상들입니다. 총판, 도매상, 분소상, 소매상 등의 중간상인들이 온 힘을 다해서 SNS에 홍보하기 때문입니다. 그러면 SNS 친구들이 그걸 '퍼가고', 그 친구의 친구들이 계속해서 '퍼가게' 됩니다.

그러므로 당신의 상품을 위한 '중국식 유통 구조'를 만드세요. 각각의 단계마다 상인들이 자신의 위챗 모멘트 등으로 홍보해줄 것입니다. 물론 그렇게 하게 만들기 위해서는 동기부여와 적절한 관리, 그리고 지원을 계속해줘야겠죠?

"타오바오를 기본으로, 되도록 많은 사이트나 SNS에 노출되게 해야 한다."

중국 시장에서 성공하기 위한 필수 요소입니다.

타오바오를 '잠재고객 풀(pool)'이라고 생각하셔도 좋습니다. 타오바오에서 많이 팔리면 다른 판매 채널에서도 많이 검색되고, 많이 팔리기 때문입니다.

셋째, 꼭 해야 할 마케팅을 하지 않는다

지금 이 순간에도 수많은 중국 기업들과 글로벌 기업들이 다양한 SNS 채널에서 광고와 홍보를 진행하고 있습니다. 일부는 완전히 광고처럼 보이고, 일부는 가십이나 기사 같은 단순 콘텐츠로 보이기도 합니다.

그런데 한국 기업들은 많은 돈을 쓰면서도 효과적인 마케팅을 하지 못하는 경우가 많습니다. 정작 해야 할 마케팅은 안 하고, 가성비 나쁜 마케팅, 변죽만 울리는 마케팅을 하기 때문입니다.

특히 '돈을 쓰는 방식' 그 자체가 문제입니다. 콘텐츠를 만드는 데만 돈을 쓰고, '뿌리는' 데는 돈을 쓰지 않는 것입니다. 콘텐츠만 좋으면 알아서 퍼질 거라고 생각하기 때문입니다. 한국에서는 어느 정도 사실이기도 하고요.

그래서 "유명 연예인을 써서 콘텐츠를 만들었다."라거나, "기발한 영상을 만들었다."와 같이, 콘텐츠 그 자체만 생각하는 경우가 많습니다. 콘텐츠를 잘 만들었다는 것 자체에 만족하는 셈이지요.

하지만 중국은 그렇지 않습니다. 중국 기업들은 콘텐츠 자체보다 그 콘텐츠를 배포하고 2차, 3차로 바이럴하는 것을 더 중요하게 생각합니다. 아무리 유명한 연예인을 섭외해서 만든 콘텐츠라도, 그 자체만으로는 의미가 없다고 생각합니다. 많은 사람들이 보지 않으면 소용이 없으니까요.

이제부터 한국 기업들도 중국식으로 생각해야 합니다. 어떻게 하면 더 좋은 콘텐츠를 더 많이 만들어낼 수 있을지보다, 그 콘텐츠를 어떻게 활용하고 배포할지를 더 많이 고민해야 합니다. 어떻게 해야 소비자와 판매상들이 내 콘텐츠를 '퍼나를' 수 있게 할지, 한 명이라도 더 많은 사람이 내 콘텐츠를 보게 할지를 연구해야 합니다. 마케팅 비용도 이쪽에 좀 더 투입하고요.

그래야만 중국 소비자들의 인지도를 높일 수 있고, 판매상들에게 도움을 줄 수 있습니다. 특히 판매상들은 내 콘텐츠를 끊임없이 소비자들에게 홍보해줍니다. 그것이 자신의 매출에 도움이 되기 때문입니다. 위챗 등을 통해서 다른 판매상들에게 홍보하기도 합니다.

유통 생태계를 다양하고 풍부하게 구축해야 하는 이유가 여기에도 있습니다.

진짜 친구, 진짜 꽌시

아직도 일부 한국 기업들은 중국 판매상들을 보따리장수 취급하기 일쑤입니다. 예전에 굽실거리며 찾아와서 물건 좀 달라고 사정하던 추억(?)에서 벗어나지 못했기 때문입니다.

하지만 그런 좋은 시절(?)은 이미 지나갔습니다. 예전에 내가 무시했던 그 보따리장수는 글로벌 제조사들과 일하는 무역회사, 유통업체가 된지 오래입니다. 이 사실을 빨리 받아들여야 합니다.

이제부터라도 인간 대 인간으로 허심탄회하게 접근해야 합니다. 중국인은 처음 만난 사람에게도 친구라고 부르지만, 진짜 친구가 되는 것은 아주 어렵습니다.

한국 사람이 중국 회사를 방문하면 현지의 고급 식당에서 비싼 술과 음식을 대접받는 경우가 많습니다. 중국 사람들이 "펑요우(朋友, 친구), 펑요우!" 하면서 부어라 마셔라 해줍니다. 순진한 한국 사람들은 눈앞의 중국 사람들과 친구가 되었다고 생각합니다.

하지만 안타깝게도 중국 사람들은 그렇게 생각하지 않습니다. 착각하면 안 됩니다. 중국 사람들은 남을 쉽게 믿지도 않고 마음을 주지도 않습니다. 눈앞에 있는 사람이 어떤 사람인지, 짧은 기간 동안 어떻게 알 수 있나요? 중국인은 한국인보다 '선(線)'이 분명합니다. 사람마다 다르겠지만 중국인의 선을 넘어서는 것은 결코 쉽지 않습니다.

친구가 되지 않아도 좋습니다. 사무적인 관계도 나쁠 것 없습니다. 적이 되지만 않으면 됩니다. '내 편이 아니라도 적을 만들지 말라.' 베이징 사범대를 졸업한 베스트셀러 작가 스샤오옌이 쓴 책입니다.

적이 되지 않는 것은 친구가 되는 것보다 훨씬 쉽습니다. 상대방이 싫어할 일을 안 하면 되니까요. 상대방을 무시하는 것, 서로간의 명시적, 암묵적 룰을 깨는 것, 속이고 기만하는 것, 배신하는 것 말입니다.

그렇게 하지 않고 솔직 담백한 관계를 이어간다면, 몇 년 후에는 진정한 친구가 되어 있는 것을 발견하실 겁니다. 한국 사람들이 그토록 원하는 '꽌시(关系)' 말입니다.

넷째, 수요보다 공급이 더 많아졌다

중국 시장에서 수요와 공급이 맞지 않은 시기가 있었습니다. 공급보다 수요가 더 많았기 때문입니다. 그때는 중국 상인들이 한국에 건너와서 물건을 받아갔습니다. 말 그대로 '돈을 싸들고 와서', '줄을 서서' 제품을 사갔던 것입니다.

하지만 이제는 다릅니다. 더 이상은 한국 상품에 목을 매지 않습니다.

그 이유는 간단합니다. 더 이상 돈이 안 되기 때문입니다. 왜 돈이 안 될까요? 소비자가 더 이상 찾지 않기 때문입니다. 왜 찾지 않을까요? 더 싸거나 더 좋은 대체재가 많아졌기 때문입니다.

가격 외에도 다양한 서비스를 제공하는 제조사와 브랜드가 많습니다. 그래서 더더욱 위험을 감수하면서까지 한국 상품을 팔려고 하지 않는 것입니다.

생산자와 브랜드가 크게 늘어나게 된 것입니다. 그동안 중국이 빠르게 발전하면서 중국 소비자의 구매력도 크게 늘었습니다. 그러나 속도가 달랐습니다. 브랜드와 제품이 늘어나는 속도가 소비자(의 구매력)이 증가하는 속도보다 훨씬 빨랐던 것입니다. 경쟁이 격심해진 건 덤이고요.

예전에는 수요가 공급보다 많았는데, 이제는 공급이 수요보다 많아진 것뿐이지요. 그에 따라 공급자 위주의 시장이 수요자 위주의 시장으로 변한 것이고요.

수요가 많고 공급이 적으면 공급자, 즉 제조사가 우위에 설 것이고, 수요가 적고 공급이 많으면 수요자, 즉 소비자가 우위에 서겠죠? 특히 화장품, 패션, 전자기기를 비롯한 상당수의 소비재는 그런 현상이 도드라질 테고요.

중국 브랜드만 늘어난 게 아닙니다. 세계 각국의 유명 브랜드들도 우글거리고 있습니다. 14억 단일시장에 대한 장밋빛 기대 때문이지요.

초반에는 일부 한국기업들처럼 우왕좌왕, 절치부심하던 해외 유명 기업들이 중국 시장 진입에 성공하고 있습니다. 이러한 해외 브랜드들은 대체로 비슷한 방식으로 중국에 성공적으로 안착하고 있습니다. 제가 나름대로 분석해본 결과는 이 책의 내용과 대부분 일치했습니다.

이와 같이 공급이 수요를 초과하자, 줄을 서서 제품을 사가던 중국 상인들도 180도 달라졌습니다. 중국에서 잘 팔릴지, 이윤이 많이 남을지 꼼꼼히 따지는 건 기본이고, 여러 가지 부가 조건들을 요구하기도 합니다. 판매를 용이하게 해주는 다양한 서비스를 원하는 것입니다.

예를 들어 위생허가증 발급이 있습니다. 중국 시장에서 위생허가 없는 제품을 판매하는 것은 너무나 위험한 행동입니다. 비유하자면 유럽의 제조사가 한국 판매상 또는 인플루언서에게 이렇게 말하는 것과 같습니다.

"내가 좋은 물건을 생산하고 있어. 네가 그걸 한국에 팔아봐. 하지만 정식 통관서류나 수출입 서류는 떼줄 수 없어. 그러니까 밀수품인 셈이지. 경찰에 발각되어도 난 모르는 일이야. 다 네 책임이지."

게다가 중국은 한국과 달리 병행 수입도 불가능합니다. 그래서 더 힘들 수 밖에 없습니다.

예전에는 '그럼에도 불구하고' 한국 상품을 가져가서 팔았습니다. 공급이 수요를 따라가지 못했고, 한국 물건이 귀했기 때문입니다. 위험을 무릅쓰고 가져가기만 하면 수익이 보장되었습니다.

하지만 이제는 그렇지 않습니다. 정식 통관 서류나 수익률은 기본이고 중국 내 재고 유지, 다수의 샘플 제공, 광고, 홍보 마케팅과 업로드 프로모션 등을 제공하겠다고 하는 제조사가 넘쳐나고 있습니다.

그렇게 '서비스'해주겠다는 곳이 많은데, 왜 굳이 위험을 감수하면서까지 한국 제품을 판매하겠습니까?

다섯째, 이도 저도 아닌 제품과 브랜드

한국 화장품은 선진국이라는 국가 이미지와 한류 덕분에 꽤 좋은 포지션을 점하고 있었습니다. 최고의 명품은 아니지만 품질 좋고 믿을 수 있는 브랜드! 그것이 한국 상품에 대한 대체적인 평가였습니다.

하지만 그것은 이런 말도 됩니다. "한국 상품은 미국, 영국, 프랑스, 이탈리아, 독일, 일본 등의 전통적인 선진국 명품에 비하면 품질과 네임밸류가 떨어지고, 중국 제품에 비하면 비싸다."라고요. 즉 샌드위치처럼 중간에 끼여 있다는 말입니다.

전통적인 명품 브랜드들이 본격적으로 중국 시장에 진출하는 것과 동시에, 중국에서 만든 제품과 브랜드가 빠른 속도로 치고 올라오고 있기 때문입니다. 사실 품질의 차이도 예전에 비해 크게 줄어든 게 사실입니다.

품질이 조금 아쉽더라도 가격과 마케팅, 배송과 고객관리(CS) 등으로 충분히 '커버' 가능합니다. 그 반대도 마찬가지고요. 다른 부분은 조금 아쉽더라도 가격이 확실히 저렴하다면 소비자의 선택을 받을 수 있다는 뜻입니다.

중국처럼 큰 시장에는 가격을 무엇보다 중요시하는 소비자도 억 명 단위로 존재하니까요. 중국 짝퉁 시장이 그렇게 거대한 이유도 여기에 있습니다. 중국 정부에서 '명품을 살 수는 없지만 명품을 갖고 싶어하는' 자국내 중산층과 저소득층을 만족시키려는 측면도 있습니다. 즉 짝퉁을 필요악으로 인식하고 있다는 뜻입니다.

어쨌든 한때 유니크한 위치를 가지고 있던 한국 제품의 상당수가 위기에 빠져 있습니다. 한국이 할 수 있는 건 우리도 할 수 있다고 주장하는 중국과, 우리가 하는 건 한국이 할 수 없다고 주장하는 유명 브랜드 사이에 끼여서 고전을 면치 못하고 있는 것입니다.

물론 아직도 잘나가는 한국 상품과 브랜드는 많이 있습니다. 제가 말씀드리고자 하는 것은, 어떤 기업이나 제품, 브랜드건 간에 명확하고 설득력 있는 포지셔닝이 필요하다는 것입니다. 옛날처럼 한국 상품이라고 해서 선망하거나 무조건 좋아해주던 소비자는 더 이상 존재하지 않기 때문입니다.

모든 일에는 이유가 있다

지금까지 일부 중국 상인들이 한국 제품을 팔지 않는 이유에 대해 말씀드렸습니다.

정리해서 다시 말씀드리면 아래와 같습니다.

1. 수권서나 정품인증서와 같은 필수 서류를 잘 주지 않아서
2. 가격관리를 제대로 하지 않아서
3. 중국 시장이 수요자 중심 시장이 되어서
4. 제품과 브랜드의 포지셔닝이 모호해서

한국 상품을 다시 팔게 하려면 어떻게 해야 할까요? 간단합니다. 위에 있는 내용을 반대로 하면 됩니다. 다음과 같이 말이죠.

1. 타오바오 점주들이 요청하는 서류 등을 잘 챙겨주세요.
2. 중국식 유통 구조를 확립하고 제대로된 가격 관리를 해주세요.
3. 타오바오 점주들이 필요로 하는 마케팅을 진행해 주세요.
4. 타오바오 점주들이 요청하는 콘텐츠와 서비스를 제공해 주세요.

어떻습니까? 전혀 어렵지 않지요? 저 정도쯤이야, 싶은 생각이 들지요? 하지만 실제로는 저것들조차 못(안) 하는 한국 기업이 적지 않습니다.

그래서 더 안타까웠습니다. 쉽고 당연한 몇 가지만 지켜주면 모두가 행복할 텐데, 어째서 그렇게 하지 않는지 답답할 때도 많았습니다.

하지만 이제는 답답하지 않습니다. 많은 한국 기업들과 같이 일해보고 나서 그 이유를 깨달았기 때문입니다.

중국 판매상들이 싫어하는 짓만 골라서 하는 일부 한국 기업들!

그 이유는 과연 무엇일까요? 왜 비슷한 일들이 반복되는 걸까요?

첫 번째 이유: 변화에 둔감한 경영자

식상한 말이지만 지금 이 순간에도 중국은 빠르게 변하고 있습니다. 중국과 중국 사람, 그리고 중국 시장은 이제까지 세계 어느 시장보다 빠르게 변해 왔고, 변하고 있으며, 변해갈 것입니다.

그래서일까요? 중국에는 유독 젊은 경영자가 많습니다. 중국은 젊은 사람이 창업하는 것을 당연하게 여기고, 정책적으로도 권장하고 있습니다. 이러한 젊은 사업가들은 IT 업계에 가장 많지만 유통업계에도 많습니다. 비교적 적은 자본으로 창업할 수 있기 때문입니다. 한국의 사장님, 회장님들의 눈에는 신입사원이나 인턴밖에 안 되어 보이는 철부지가 사장입네, 회장입네 하고 뻐기는 것으로 비칠 수 있습니다.

중국의 젊은 사장들과 기업가들은 자유분방하고 형식에 얽매이지 않습니다. 이들은 그걸 쿨하고 멋지다고 생각합니다. 이러한 태도가 중국 특유의 나이브한 시간관념과 결합되면 무질서하고 오만해보일 수도 있습니다. 유교적인 한국 사람들의 눈에는 지나치게 자유분방하게 느껴지는 것입니다.

그런데 일부 한국 기업의 오너 및 경영자들은 정반대입니다. 나이도 많은데다 변화에도 둔감합니다. 여기서 '나이'는 생물학적 나이보다는 정신적인 나이를 의미합니다. 노자(老子)는 "굳고 강한 것은 죽음의 무리이고 부드럽고 약한 것은 삶의 무리이다."라고 말한 바 있습니다.

정신적인 나이가 많은 사람은 자신의 세계관이나 인식 범위 밖에 있는 현상을 받아들이기 어려워합니다. 오죽하면 '자신의 인식과 현실이 충돌할 때 느끼는 혼란'이라는 뜻의 '인지부조화'라는 말이 유행어 아닌 유행어로 쓰이고 있겠습니까? .

지나칠 정도로 자유분방한 중국의 젊은 기업가들과, 산업역군 시대의 기억과 근면성실함과 깐깐함을 겸비한 한국 경영자들! 정신의 노화로 인해 생각이 굳은 한국 경영자와 빠르게 변화하는 중국 시장! 저는 이러한 불협화음을 많이 보아 왔습니다.

대기업 회장? 그래서 어쩌라고?

제가 실제로 겪은 일을 말씀드리겠습니다. 몇 년 전, 저는 어느 한국 코스메틱 기업의 회장님을 모시고 중국에 다녀왔습니다. 중국의 유명 판매상을 만나기 위해서였습니다.

그런데 10시에 미팅하기로 한 판매상이 11시가 넘어도 안 나타나는 게 아니겠습니까? 저는 회장님께 연신 죄송하다고 하면서 계속 연락을 시도했습니다. 점심시간이 다 되어서 전화를 받은 유명 판매상은, 오늘 갑자기 급한 일이 생겨서 그러니까 오늘 저녁이나 내일 보면 안 되느냐고 이야기했습니다.

제가 "야, 그래도 회장님인데 어떻게 그래?"라고 하자, "한국 회장이 뭐? 나하고 무슨 상관인데? 거드름을 피우는 거라면 굳이 보고 싶지 않아."라는 대답이 돌아왔습니다. 그 회장님의 제품을 팔지 않아도 팔 건 얼마든지 있다는 태도였습니다.

이 일은 제가 중간에서 잘 마무리를 지었지만, 중국에서 수십억, 수백억 매출을 올리는 판매상들과 왕홍들의 마인드가 어떤지를 잘 보여줍니다. 한국에서는 큰일 날(?) 태도겠지요? 이 판매상이 불성실하거나 악감정이 있는 게 아닙니다. 중국인 특유의 만만디 문화와 시간관념 때문입니다. 물론 만만디는 상대방이 급할 때만 적용되고, 자기가 급할 때는 전혀 적용되지 않는다는 게 문제지만요.

그런가 하면 허름한 슬리퍼를 질질 끌고 양꼬치 노점에 가서 수십억, 수백억짜리 거래를 체결하기도 합니다. 중국 사람들은 '사실은 돈이 많은 사람이 돈이 없는 것처럼 행세하고, 사실은 무술의 고수인데 건달에게 맞아주는 것'을 멋지다고 생각하기 때문입니다. 하지만 상당수의 한국 기업가나 비즈니스맨들에게는 제멋대로이고 무례한 행동으로 비쳐지기 십상이지요.

물론 자유분방함이 지나치거나 태도나 인성에 문제가 있는 판매상도 있습니다. 그러나 큰 기업의 오너라고 해서 굳이 '알아서 기는' 모습을 보일 필요는 없지 않을까요? 게다가 외국 기업인이고, 그 사람의 도움 없이도 내가 얼마든지 잘 먹고 잘 살 수 있다고 생각한다면 말이죠.

반면 한국 사람들은 이상할 정도로 권위에 약합니다. 유교의 종주국 중국보다도 훨씬 강한 유교적 전통 때문일까요? 아니면 일제강점기와 권위주의 시대에 상명하복식 교육을 받아서일까요?

"우리는 공산당 고위층에 꽌시가 있다.", "우리 회사는 마윈의 알리바바에서 투자받은 계열사다."라는 중국 업체의 말 한 마디에 간도 쓸개도 다 내줄 것 같이 행동하는 한국 회사들이 아직도 드물지 않습니다.

물론 최근에는 '갑질'이나 '꼰대'라는 말이 회자되면서 많이 줄어들고 있습니다만… 이에 대해서는 뒤에서 다시 말씀드리겠습니다.

중국은 없다, 하지만 중국은 있다

어쨌든 아쉬운 것은 한국 기업입니다. 초코파이나 신라면 정도의 브랜드 파워를 갖고 있지 않다면 말이지요. 나에게 그 정도의 히트상품이 없다면, 명품 브랜드가 없다면, 중국 시장에서 성공하기를 원한다면, 중국 판매상이 아니라 내가 변해야 합니다. 중국 판매상들의 행동과 태도, 관행과 사고방식을 이해하고 거기에 맞추려고 노력하는 게 맞습니다. 목마른 사람이 우물을 파는 법이니까요.

앞에서는 주로 나이나 문화적 차이에서 오는 부조화에 대해 말씀드렸습니다. 그러나 현실적으로는 나이나 문화로 인한 갈등보다 '기억'에 의한 문제가 더 많습니다. 예전에 중국 시장에서 성공했던 달콤한 기억에 집착하는 것입니다. 중국 보따리상들이 찾아와서 제발 물건 좀 달라고 매달렸던 기억, 총판이나 벤더가 수억 원, 수십억 원씩 입도선매하던 기억 말이지요.

하지만 한 번 흘러간 강물에 두 번 다시 발을 담글 수 없듯이, 그때의 중국도 더 이상 존재하지 않습니다. 예전에 통했던 방식은 더 이상 통하지 않습니다.

자신이 잘 안다고 생각하는 '자신만의 중국'에 집착하는 분들도 있습니다. 자신만의 어설픈 성공 공식을 고수하는 분들도 의외로 많습니다. 오히려 이런 분들일수록 "중국은 되는 것도 없고 안 되는 것도 없는 나라야.", "중국은 꽌시면 다 돼.", "중국을 알려고 하지 마. 중국을 이해하려고 해선 안돼."라고 말하곤 합니다.

물론 저뿐만 아니라 중국 사람들조차 중국의 전체 상(象, 相)을 알지는 못합니다. 하지만 그걸 꼭 알아야 할까요?

중국에서 제품을 판매하기 위해서 중국의 모든 것을 알 필요는 없지 않을까요?

중국은 크고 복잡한 나라지만 비합리적이거나 신비로운 나라는 아닙니다. 자신의 분야에서 영향을 주고받는 중국 사람들과 긴밀히 소통하고, 그들이 진정으로 원하는 것을 만족시켜주면서 내 필요도 충족시키면 그뿐입니다. 다른 모든 일과 마찬가지로 지식이 아니라 지혜가 필요합니다.

사람은 인생의 선장, 경영자는 기업의 선장

지금까지 본의 아니게 기업의 오너나 경영자들을 '디스'하고 말았습니다. 하지만 그럴 수밖에 없을 만큼 경영자의 역할이 중요합니다. 경영자의 방향 설정이 1도만 잘못되어도 기업의 방향은 '안드로메다'로 가고 마니까요. 너무 멀리 가버려서 되돌릴 엄두를 못 내는 경우도 많습니다. 윗사람의 잘못을 지적하기 힘든 한국 기업 특유의 문화 때문에 더욱 그렇습니다.

경영자의 잘못된 의사결정이 관행이 되고, 관행은 관습, 즉 습관이 됩니다. 나중에는 뭐가 잘못되었는지조차 인식하지 못하는 경우도 비일비재합니다. 특히 중국 관련 업무를 하는 조직은 중국 파트너의 냉정한 평가를 받기 마련입니다. 중국 기업은 한국 기업의 잘못된 관행을 이해해 줄 의무가 없으니까요.

이런 회사에서는 실무자가 아무리 잘해도 소용이 없습니다. 결국 엉뚱한 곳에 도착하거나 좌초하고 말 테니까요. 그리고 그 책임은 기업의 구성원 모두가 나눠 갖게 됩니다. 심하면 모두가 '길거리에 나앉게' 되는 것이고요.

두 번째 이유: 중국을 모르는 실무자

물론 경영자가 아니라 실무담당자에게 문제가 있는 경우도 많습니다. 경영자가 올바른 의사결정을 하더라도 '손발'인 실무자들이 제대로 못하면 소용없습니다. 실무자의 잘못은 경영자의 잘못보다 범위가 좁습니다. 그러나 빨리 바로잡지 않으면 조직 전체에 큰 피해를 줄 수 있습니다.

중국 관련 업무를 하는 실무자들의 가장 흔한 문제는 중국을 모른다는 것입니다. 중국 관련 업무를 하는 담당자들이 어떻게 중국을 모를 수 있냐고요? 저도 그렇게 생각했지만 현실은 훨씬 더 참혹(?)했습니다. '아니, 어떻게 이런 것도 모르고 중국 일을 하는 거지?'라는 생각이 진심으로 들 때가 많았습니다. 중소기업은 물론이고 중견기업이나 대기업조차 그랬습니다.

갑자기 커진 중국 시장, 인력풀은 그대로

사실 그럴만한 이유가 있습니다. 길게는 1~20년 전, 짧게는 몇 년 전부터 중국 시장이 확 증가하다 보니, 쓸만한 중국 전문 인력을 구하기 어려워진 것입니다.

한류가 커지면서 한국 화장품에 대한 수요가 수십 배 이상 커졌습니다. 그래서 매출이 폭증한 기업들이 중국 전문가들을 대거 모집했지요. 하지만 그 기업들을 만족시킬 수 있을 만큼 전문 인력이 많았을까요?

물론 그렇지 않았습니다. 그러다 보니 중국말을 할 줄 안다는 이유로, 중국에 유학한 경력이 있다는 이유로, 심지어는 중국에 관심이 있다는 이유만으로 중국 담장자가 되는 경우가 비일비재합니다.

하지만 한국 사람이라고 해서 누구나 한국 마케팅 업무를 할 수는 없습니다. 한국에서 대학교를 나왔다고 해서 누구나 광고업무를 '잘' 할 수는 없습니다. 주어진 일만 기계적으로 처리하는 게 아니라 능동적이고 창의적으로 일해야 하기 때문입니다.

예를 들어서 거리를 걸어가는 40대 이하의 한국 남녀는 네이버나 지마켓, 다나와 등을 이용한 인터넷 쇼핑에 익숙합니다. 블로그, 유튜브, 인스타그램, 페이스북 등을 통해서 매일 수백 가지 광고를 접합니다. 하지만 이들에게 수억 원이 오가는 광고마케팅 계획 수립과 집행을 맡겨도 될까요?

중국 사람도 똑같습니다. 중국어를 할 줄 알거나 중국 사람이라고 해서 중국 마케팅을 할 수는 없습니다. 그런데 그런 일이 중국을 상대로 하는 한국 기업들에게는 비일비재하게 발생합니다. 단지 중국 사람이라는 이유만으로, 아무 것도 모르는 중국인에게 권한과 업무를 부여하는 걸 보고 놀란 적이 한두 번이 아니었습니다.

중국 사람이니까 중국 관련 업무를 당연히 잘 할 거라는 생각은 너무 나이브합니다. 마케팅도 분명히 전문적인 영역이기 때문입니다. 게다가 중국은 워낙 인구도 많고 땅덩어리도 크기 때문에 매체별, 지역별 편차도 심합니다. 시장의 변화도 빠르고요.

근본적인 이유는 인력풀의 부족입니다. 중국 마케팅을 믿고 맡길 수 있는 고급인력은 중국 내에서조차 구하기 힘듭니다. 몸값도 비싸고요. 이들은 입사하기 전에 회사의 비전이나 중국 시장 이해도까지 다 따져본 후, 자신과 맞지 않거나 수준 이하라고 생각되면 입사를 고사합니다. 입사해도 오래 머물지 않고요.

안타깝지만 이 문제는 하나의 회사가 해결할 수 있는 문제는 아닌 것 같습니다. 시간이 지나면서 차차 나아지기를 바랄 수 밖에요. 어떤 업계나 회사든지 내 맘에 쏙 드는 고급인력을 구하는 건 쉽지 않으니까요.

중국은 몰라도 중국 시장은 알아야 한다

앞에서 말씀드렸듯이 중국의 모든 걸 알 필요는 없습니다. 그러나 중국을 아는 것과 중국 시장을 아는 것은 다릅니다. 중국은 몰라도 좋지만 자기 회사 제품이 판매되는 시장에 대해서는 충분히 알아야 합니다. 알아야 당하지 않고, 알아야 끌려가지 않기 때문입니다. 당할 때 당하더라도 알고 당하는 것과 모르고 당하는 것은 하늘과 땅 차이입니다.

하지만 실제로는 오히려 이 부분, 즉 중국 시장에 대해서 모르는 경우가 더 많았습니다. 중국 친구도 많고 중국의 동향이나 각종 통계 자료에 대해서는 빠삭하지만, 제품을 어떻게 런칭하고 어떻게 유통시켜야 하는지, 제품을 어떻게 띄우고 매출을 유지해야 하는지는 모르는 것입니다. 정작 가장 중요한 부분을 모르는 것이지요.

물론 모든 실무자들이 그런 것은 아닙니다. 유능하고 센스 있는 담당자들도 많습니다. 하지만 한국 기업의 실무자들 모두가 중국 시장을 잘 알고 있었다면 한국 기업들이 매출이 뚝뚝 떨어지는 현상은 없었을 것입니다. 제가 이 책을 쓰는 일도 없었겠지요.

독자 여러분이 기업의 경영자나 오너라면, 중국을 담당하거나 중국 담당 프로젝트를 추진하는 팀원들과 팀장들이 중국 시장을 얼마나 잘 알고 있는지, 중국 유통 시스템과 업계를 어느 정도 이해하고 있는지를 한 번쯤은 꼭 확인해보시기 바랍니다.

KPI의 함정 : 오늘만 사는 실무자

실무자들도 할 말은 있습니다. "KPI(Key Performance Inspector, 핵심성과지표) 등으로 성과관리를 받는 입장에서는 운신의 폭이 너무 좁아요!" 제가 중국 진출 기업의 실무자들로부터 흔히 듣는 푸념입니다. 이것을 좀 더 노골적으로 말하면, "항상 쪼이는 '월급쟁이'라서 눈에 보이는 성과에 급급할 수밖에 없고, 이 때문에 정작 하고 싶고 해야 하는 일을 못하거든요!"라고 할 수 있지요.

이것은 근본적으로 한국 기업들의 고질적인 문제인 '지나친 성과주의' 때문입니다. 좀 더 근본적으로는 지나친 '빨리빨리 문화' 때문이고요. 이러한 '한국적 기업문화(?)'에 익숙한 오너나 경영진이, '실무자들을 갈아 넣어서라도' 어떻게든 눈에 보이는 성과를 내놓으라고 중간관리자를 닦달하는 현상을 쉽게 볼 수 있습니다. 하지만 오랜 시간의 인내와 준비와 지원이 없으면 좋은 결과를 내기 어렵습니다.

실제로 한국 실무자가 '아직 중국 내 유통망과 기반이 충분히 준비되지 않아서 너무 성급하다는 것을 알면서도' 값비싼 유명 왕홍 등을 동원해서 프로모션을 하는 경우도 있었습니다. 경영자와 상사들의 닦달 때문이었지요.

그렇게 하면 물론 첫달은 반짝 매출이 나옵니다. 하지만 그 다음 달부터는 확 떨어지게 됩니다. 유통망을 제대로 만들지 않아서 '사상누각'이 된 것입니다.

중국 시장에서 히트를 치는 건 의외로 쉬울 수 있습니다. 그러나 그 성과를 오래 유지하는 것은 한국보다 몇 배나 더 어렵습니다. 중국 정부와 국민들의 자국우선주의, 거대한 중국 시장을 보고 달려드는 수많은 경쟁자들 때문입니다.

이런 일이 반복되면 실무자들은 단기간에 눈에 띄는 실적이 나는 일에만 매달리게 됩니다. 장기적인 비전을 가지고 차근차근 준비하는 게 아니라, 당장 이번 달의 KPI를 만족시킬 수 있는 근시안적 해법만 찾는 것입니다. '월급쟁이'들에게 가장 중요한 것은 '책임을 지지 않는 것'이니까요.

하지만 이런 식으로 매출을 올리면 장기적인 성장이 저해될 수밖에 없습니다. 내일의 매출을 오늘 끌어다 쓰는 셈이기 때문입니다.

내일의 성장을 기대하기 전에 오늘의 매출을 분석해야 합니다. 이벤트나 광고, 가격할인과 같은 '손쉬운 방법'으로 올린 매출인지, 중국 소비자와 판매자들을 만족시켜서 얻은 진짜 수익인지를 구별할 수 있어야 합니다.

기업의 오너나 경영자는 엑셀로 만든 매출현황표나 매출그래프만 보기 쉽습니다. 하지만 그래프에는 보이지 않는 현장의 상황과 실무자들의 마음을 헤아릴 수 있어야 합니다.

실무자가 면피와 인사고과를 위해서 단기적인 성과에 급급하지 않고, 중국 시장의 '기본'에 충실함으로써 장기적인 비전과 신뢰를 구축할 수 있게 해줘야 합니다. 성과를 측정하고 동기부여를 하기 위한 KPI가 오히려 성과를 저해하면 안 되니까요.

어느 영화의 대사를 조금 패러디해서 말씀드리겠습니다.

"내일만 사는 경영자는 오늘만 사는 실무자 때문에 죽는다."

세 번째 이유: 방만한 내부 조직

몇 년 전만 해도 중국 관련 부서가 없거나 빈약했던 한국 기업이, 전혀 면식도 없는 중국 상인들에 의해 매출이 수십, 수백 배로 뛰는 일이 드물지 않았습니다.

그런데 이와 같이 중국 시장에서 갑작스럽게 성공한 기업들은, 자기도 모르는 사이에 내부 조직이 방만해지고 관료주의화되는 경우가 많습니다.

회사가 커지고 매출이 늘어나면 새로운 인재를 영입하게 됩니다. "방치해뒀던 중국에서 이렇게 큰 매출이 발생했으니, 우리가 실력(?)을 발휘하면 몇 배나 더 벌 수 있어!"라고 하면서 말이죠.

이렇게 영입된 인재들은 보통 새로운 팀이나 부서를 만들어서 일하고 싶어합니다. 특히 팀장급 이상의 검증된 인력이라면 기존 부서의 부속품으로 들어가고 싶어하지 않겠지요.

그러다 보니 눈깜짝할 사이에 여러 개의 신규 부서가 난립합니다. 너도 나도 '내 부서', '내 팀'을 만들려고 하니까요.

심지어 국내 마케팅 부서 따로, 해외 마케팅 부서 따로, 중국 담당 팀 따로 중국 비즈니스를 진행하기도 하더군요. 한국 마케팅 담당자(팀)가 중국 담당 부서와 협의 없이 단독으로 중국 프로모션을 진행하는 경우도 봤습니다. 의외로 많은 회사에서 일어나고 있는 일입니다.

이것은 명백한 자원 낭비이고 비효율입니다. 가장 큰 문제는 중국 시장과 파트너사, 그리고 판매상들에게 혼선을 준다는 것입니다. 하나의 제품을 여러 개의 부서에서, 여러 가지 방법으로, 복수의 채널에서 판매하게 되면 틀림없이 혼선이 발생하기 마련입니다.

대표적인 혼선 중에 하나가 앞에서 말씀드린 "한국 회사들은 수권서나 정품인증서 같은 필수 서류를 안 준다."입니다. 여러 개의 부서가 중국 관련 업무를 하다 보니 놓치거나 실수하는 부분이 많아지는 것입니다. 중국 판매상 입장에서는 어느 곳을 컨택포인트로 삼아야 할지도 애매하고요.

심지어 어떤 기업은 영업부서 간의 업무 분장조차 되어 있지 않았습니다. 국내 온라인팀도, 중국 국내 면세팀도, 심지어는 중국 외의 다른 나라를 담당하는 팀도 중국 영업과 판매가 가능했습니다. 어디에서든 매출만 내면 되는 시스템이었기 때문이죠.

그러다보니 한 회사의 여러 팀들이 전부 중국으로 들어갔습니다. 같은 브랜드를 가지고 회사 동료들과 경쟁하게 된 것입니다.

이런 경우를 흔히 "교통정리가 안 되고 있다."라고 하지요? 교통정리가 잘 되어야 교통흐름도 원활해지고 사고가 나지 않습니다. 이 책을 읽고 계신 독자 여러분의 회사나 부서는 교통정리가 잘 되고 있나요?

담당부서가 많아지자 가격관리가 제대로 안 되기 시작했습니다. A라는 상품을 어느 부서에서는 10% 할인하고, 다른 부서에서는 20% 할인하는 일이 벌어지는 것입니다. 유통망이 지저분해지는 것은 물론이고요. 이런 일이 반복될수록 "한국 기업은 신의가 없다."라는 말을 반박하기 어려워집니다.

회사의 조직을 정비하는 것은 경영자의 권리이자 책임입니다. 지금이라도 중국 비즈니스 채널을 단일화하고 통일된 전략을 수립해 나가야 합니다.

"적군은 천 갈래 만 갈래로 나누고, 아군은 하나의 큰 덩어리가 되어 싸워야 한다."

고대 중국 병법서의 경구입니다.

국내 모 브랜드와 함께 타오바오 대형 점주들과 왕홍들을 초청하여 행사를 진행하였다. 이와 같이 타오바오에서 왕성하게 활동하면서 홍보부터 판매까지 직접 진행하는 판매상들에게 브랜드와 제품을 직접 소개하는 이벤트는 아무리 많아도 지나치지 않다.

2장 김회장님의 후회

변화는 고통스럽다. 그러나 정체되어 있는 것보다는 낫다.
Change is painful, but nothing is as painful as staying stuck
somewhere you don't belong.
- Mandy Hale

역사는 반복된다

김회장님은 이제야 실감할 수 있었습니다.

불과 몇 년 사이에 좋은 시절(?)이 끝났다는 사실을요.

그런데 이와 비슷한 일이 오래 전에 우리나라에도 있었습니다. 한국 시장을 주름잡던 '일제(日製)'들이 어느 순간부터 맥을 못 추기 시작한 것을 기억하시나요?

그 이유는 크게 세 가지였습니다. 첫째, 보호무역주의로 잠겨 있던 한국 시장이 개방되어 다양한 해외 상품들이 쏟아져 들어왔기 때문입니다. 일제보다 더 좋은 '물 건너 온' 미제, 독일제, 이태리제 제품들이 많아지자 일제의 희소성이 줄어든 것입니다.

둘째, 한국 제조업의 수준이 올라가고 기술이 발전했기 때문입니다. 1980년대~90년대만 해도 일제보다 확연히 떨어지던 제품들이, 2000년대에 접어들면서 차이가 없을 정도로 향상된 것입니다. 지금은 일제보다 국산이 더 나은 경우도 많습니다. 특히 가전제품을 비롯한 상당수의 공산품이 그렇습니다.

셋째, 신토불이로 대표되는 '국산품 애용 운동' 때문입니다. 국력이 신장되자 "우리의 것이 좋은 것이여!"라는 유행어와 함께 자국의 제품, 브랜드, 문화에 대한 자긍심이 올라갔기 때문입니다.

이 세 가지 현상이 2010년대 이후의 중국 시장에서 거의 똑같이 벌어지고 있습니다.

그 이유도 거의 똑같습니다. 첫째로 수많은 해외 브랜드가 중국 시장에 진출함으로써 한국 제품의 메리트와 희소성이 떨어졌고, 둘째로 중국 제조업의 수준이 많은 분야에서 한국과 비슷하게 향상되었으며, 셋째로 외산이 아니라 중국 국산품을 사용하자는 분위기가 팽배해졌기 때문입니다. 1990년대 이후에 한국에서 벌어진 일들이 2010년대 이후에 중국에서 반복되고 있는 셈입니다.

이러한 현상을 가장 잘 보여주는 제품이 바로 일본 조지루시 사(社)에서 만든 '코끼리 밥통'입니다.

코끼리밥솥과 쿠쿠밥솥

'코끼리밥솥'을 기억하시나요? 1980년대에 일본의 가전 메이커 '조지루시' 에서 만든 전기밥솥인데, 이전 밥솥들보다 밥맛이 좋다는 입소문이 돌면서 큰 인기를 끌게 되었죠. 조지루시(象印)라는 회사 이름 자체가 '코끼리(象)표(印)' 라는 뜻입니다.

그래서 한국 사람이 일본에 다녀온 뒤에는 반드시 몇 개씩 사서 들어오는 것으로 유명했습니다. 일본 보따리장수들이나 재일교포들이 선물하거나 판매하는 인기 상품이기도 했지요.

하지만 제조사인 조지루시가 한국 시장을 예측하고 마케팅을 한 것일까요? 그렇지 않았습니다. 그냥 우연히 한국 주부들 사이에서 입소문이 났고, 때마침 여성의 사회 진출이 활발해지는 바람에 좀 더 쉽고 간편하게 밥을 짓고 보관해야 할 필요가 커졌던 것뿐입니다. 제조사가 마케팅을 잘 해서 붐을 일으킨 게 아니었다는 것이지요.

물론 코끼리밥솥의 성능이 좋았습니다. 이것은 중요한 포인트입니다. 그러나 뛰어난 성능은 히트상품의 필요조건일 뿐 충분조건은 아닙니다. 코끼리밥통의 성공은 '천시와 지리가 만나서 이루어진' 기막힌 행운이 더 중요했습니다. 운칠기삼(運七氣三)이라는 말도 있잖아요?

하지만 얼마 못 가서 코끼리밥솥의 유행은 시들어 버리고 맙니다. 왜냐고요? 간단합니다. "우리는 왜 저런 밥솥 못 만들어?"라는 '각하'의 말씀과, 전기밥솥 시장의 존재를 확인한 삼성, 금성, 대우가 경쟁적으로 밥솥을 만들어냈기 때문이지요.

물론 한동안은 코끼리밥솥의 품질을 따라가지 못했습니다. 하지만 몇 년 지나지 않아서 대등한 제품을 내놓더니, 1990년대부터는 '전기압력밥솥'을 내놓으면서 일본을 추월하기 시작했습니다.

이것과 똑같은 일이 중국과 한국 사이에서도 벌어져 왔으며, 지금도 벌어지고 있습니다. 물론 반도체나 조선업 같은 기술집약적인 산업에서는 한국이 우위를 지키고 있지요. 하지만 화장품을 비롯한 소비재는 그렇지 못합니다.

물론 케이스 바이 케이스라서 단정지을 순 없지만, 소비재는 비교적 기술적인 난이도가 높지 않습니다.

게임산업도 비슷한 예입니다. 1990년대~2천년대에는 중국 기업들이 한국 게임을 수입해서 큰 수익을 얻는 경우가 많았습니다. 게임 제작 기술이 한국이 월등히 뛰어났기 때문이지요. 하지만 지금은 게임 제작 기술에 차이가 없습니다. 사실상 중국이 더 뛰어나다고 말하기도 합니다.

어쨌든 지금 중국에서는 일본 게임, 미국 게임, 한국 게임, 중국 게임이 각축을 벌이고 있습니다. 게임들 간의 퀄리티와 기술의 차이는 있지만 국적의 차이라기보다는 제작비의 차이로 인한 것입니다. 중국 젊은이들은 한국이나 미국, 일본 게임이라고 해서 더 높이 쳐주지 않습니다. 오히려 중국 게임을 더 좋아하는 사람도 많습니다. 중국 사람들의 정서에 더 잘 맞으니까요.

화장품도 마찬가지입니다. 더 이상 한국 화장품에 목맬 필요가 없습니다. 중국 화장품도 괜찮고, 일본 화장품, 프랑스 화장품, 이태리 화장품, 미국 화장품도 있습니다.

물론 브랜드의 인지도와 가치, 그리고 축적된 기술력의 차이가 분명히 존재하겠지요. 한국 제품에 대한 신뢰와 한류로 인한 유 · 무형의 이점도 있을 테고요.

중요한 것은 중국이 더 이상 한국산 밥솥, 한국산 게임, 한국산 화장품에 목매지 않는다는 점입니다.

코끼리밥솥의 교훈

김회장님의 제품도 제조사의 마케팅에 힘입어 판매된 것이 아니었습니다. 김회장님이 '보따리장수'들이라고 무시하던 소위 '타오바오 상인들'이 입소문을 내 가면서 열심히 팔았기 때문에 잘 팔린 것입니다.

물론 김회장님의 제품이 좋았기 때문입니다. 그래서 한동안은 공급자 우위의 시장이었습니다. 공급자에 비해서 판매자가 압도적으로 많았으니까요. 특히 화장품과 같은 뷰티 · 코스메틱 상품은 중국 제품에 대한 불신, 한류스타에 대한 동경 등에 힘입어서 그러한 효과를 톡톡히 발휘했습니다. 입소문만 났다 하면 백 억, 아니 천 억 단위 매출이 일어나곤 했으니까요.

하지만 이제는 그렇지 않습니다.

중국 상인들은 중국, 일본, 미국, 프랑스 화장품을 판매하고 있습니다. 그들이 더 나은 조건, 더 좋은 가격, 더 극진한 대접을 해주기 때문입니다. 굳이 불친절하고 '위험한' 김회장님의 제품을 팔아야 할 필요가 없어진 거지요.

구매자 우위 시장이 판매자 우위 시장으로 바뀐 것입니다. 이것은 우리나라 유통업의 역사에서도 그대로 발생한 일입니다. 엄청난 히트 상품이 아니면 소위 '갑'은 제조사가 아니라 유통사가 된지 오래니까요.

참, 방금 전에 김회장님의 제품이 '위험하다'라고 한 것은 한국 기업들이 '수권서'를 잘 주지 않기 때문입니다. 쉽게 말해서 중국 판매상들이 사입해간 자사 상품에 대해서 '정품인증서'를 잘 발급해주지 않는다는 말입니다.

그 이유에 대해서는 앞에서 이미 말씀드린 바 있습니다.

중국 전문가, 이제는 옥석을 가릴 때다

앞에서 실무자들이 의외로(?) 중국 시장을 모르는 경우가 많다고 말씀드렸습니다. 사실 실무자뿐이 아닙니다. 중국에 진출했거나 진출하고자 하는 기업의 중간관리자들, 경영진들, 오너들 또한 믿어지지 않을 정도로 중국(시장)을 모르는 경우가 많았습니다.

그런데 그보다 더 황당한 일이 있습니다. 적지 않은 '중국 전문가'들도 중국을 잘 모른다는 것입니다.

중국 전문가가 중국을 모른다? 이게 대체 무슨 말일까요?

제가 말하는 '중국 전문가'는 '진짜' 중국 전문가이기 때문입니다. 책이나 통계 자료로만 중국을 '스터디'한 사람, 중국에서 직접 사업을 해보거나 일정 기간 이상 중국 회사에서 중책을 수행해보지 않은 사람, 중국 파트너들과 끊임없이 소통하지 않는 사람은, 적어도 중국 유통과 마케팅에서만큼은 진짜 전문가가 아니라고 생각합니다.

지식은 경험을 이길 수 없습니다. 실천과 경험이 없는 지식은 죽은 지식이기 때문입니다. "당신, 해 보기나 해봤어?"라는 어느 회장님의 일갈처럼, 실제로 해보지 않으면 이게 되는 건지, 저게 안 되는 건지 판단이 안 됩니다. 아니, 판단은 가능하지만 검증이 불가능합니다. 검증되지 않은 판단은 주관적인 의견일 뿐! 예상치 못한 오류가 어디서 튀어나올지 알 수가 없습니다. 수학자들이 공식을 검증해서 공리(公理)로 만들고, 과학자들이 같은 실험을 반복하는 이유가 여기에 있습니다.

우리나라에는 중국 전문가를 자처하는 분들이 많습니다. 중국에 몇 번 가보고, 몇 년 살아보고, 거래 몇 번 해보고 중국 전문가를 자처하는 것입니다.

이분들이 중국은 이렇다 저렇다, 하고 풀어놓는 '썰'을 듣고 있으면, 제가 알던 그 중국 이야기가 맞나 싶을 때도 있습니다. 중국에서 10년 넘게 살았던 저조차 처음 들어본 이야기를 맛깔나게 풀어내시니까요.

그러나 직접 만나서 대화를 나눠보면 실망스러운 경우가 더 많았습니다. '과연 이분들을 중국 전문가라고 불러도 되나?' 싶은 분들이 적지 않았습니다. 잘난 척하려는 게 아니라 걱정이 되어서 드리는 말씀입니다.

스스로 중국에서 사업을 해봤거나 중국 마케팅을 해본 분들은 더 적습니다. 그래서 중국 전문가를 자처하는 분들의 두루뭉술하고 뜬구름 잡는 말씀을 듣다 보면, "혹시 타오바오 점주를 만나본 적 있으세요? 판매상이나 왕훙들은요?"하고 묻고 싶어질 정도입니다.

어떤 경험을 했는지도 중요하다

심지어는 중국에서 마케팅 실무를 오래 경험한 분들도 옥석을 가려야 합니다.

실제로 중국에서 오랫동안 활동했던 분들도 어떤 회사에서 무엇을 했느냐에 따라 나눠지기 때문입니다.

예를 들어볼까요? 중국에 진출한 한국 기업들이 A대기업의 중국 법인장 또는 글로벌 법인장을 중국 지사장이나 책임자로 스카우트하는 일이 있었습니다. 세계적인 대기업인 A사의 중국법인장을 영입하는 이유가 있습니다. 보따리장수들에게 물건을 팔아서 회사가 커졌다는 자격지심이 바로 그것입니다. 실탄(현금)은 충분히 있으니까, 이제부터는 뭔가 전문적이고 인텔리해 보이고 싶어하는 것이죠.

하지만 의외의 문제가 있었습니다. 고액을 주고 영입한 인재들이 중국 판매상이나 파트너들과 불필요한 마찰을 일으켰던 것입니다. 그러다 보니 매출이 늘지도 못했고, 신제품이나 신사업이 성공을 거두지도 못했습니다.

알고 보니 그분들의 고압적인 자세와 태도가 문제였습니다. 세계적인 대기업인 A사의 중국법인장으로 있을 때는 중소기업이나 중국 판매상, 심지어는 공산당 인사들까지 먼저 찾아와서 대접을 해줬다고 합니다. 그런데 이제는 을의 입장이 되어서 먼저 찾아다녀야 하고, 하나라도 더 팔아달라고 허리 굽혀 부탁을 해야 하는 상황이 된 것이죠. 결국 회사와 인재 모두에게 내상만 입힌 채로 결별해야 했습니다. 중국이나 중국 시장에 대해 잘 아는 인재들 중에도 옥석을 가려야 하는 이유가 여기에 있습니다.

한편, A 대기업의 중국 점유율은 계속해서 떨어졌습니다. 지금은 한 자릿수 이하입니다. 전세계를 호령하는 A기업의 성적표 치고는 너무나 초라한 것이지요. 물론 가장 큰 이유는 중국 제조사들의 약진이었습니다. 중국 토종 기업들이 가성비 높고 쓸만한 제품을 쏟아내자 도저히 견딜 수 없었던 것입니다. 국산품 애용을 강요, 아니 강조하는 중국 정부의 정책과 '비관세 장벽'도 문제였습니다. 그러나 위와 같은 '고압적인 자세와 태도'도 분명히 영향을 주었을 거라고 생각합니다.

그러므로 중국 전문가를 영입하거나 컨설팅을 받을 때도 그 전문가가 정확히 어떤 경험을 해왔는지, 어떤 성과를 내왔는지 옥석을 가릴 필요가 있습니다. 한국에서 경력직 직원을 영입할 때도 큰 기업에 몸담았다는 이유만으로 덥석 채용하지 않는 것처럼요.

진짜 중국 전문가를 양성하라

시장을 잘 아는 사람, 시장에서 성공해본 사람을 중국 전문가로 양성해야 합니다. 중국 시장에서 치열하게 고민하고 '깨져본' 사람, 머리가 아니라 몸으로, 손가락이 아니라 발로 뛰며 단련된 사람, 중국을 '아는

(know)' 사람이 아니라 '이해하는(understand)' 인재를 키워내야 합니다.

일단 소수의 진짜 중국 전문가를 찾은 뒤, 그들을 통해서 백 명, 천 명의 중국 전문가를 길러내야 합니다. 시간과 비용이 들더라도 그게 올바른 방법이라고 생각합니다. 무엇보다 중요한 것은 실제로 팔아보고, 실제로 마케팅을 해본 실전형 인재를 길러내야 한다는 것입니다.

시장이야말로 가장 훌륭한 교사입니다. 수영을 잘 하기 위해서는 직접 수영을 해야 하고, 축구를 잘 하기 위해서는 항상 축구를 즐겨야 하듯이, 중국 시장에서 성공하기 위해서는 중국 시장과 함께 호흡해야 합니다. '중국 시장'이라는 단어를 명사가 아니라 동사로 인식할 수 있어야 합니다. 중국 시장은 지금 이 순간에도 끊임없이 변하고 있기 때문입니다. 지속적인 관심과 애정을 가지고 중국 시장을 바라보아야 변화를 따라잡고 적응할 수 있습니다.

언제까지 도박하듯이, 복불복 게임을 하듯이 중국 인재를 찾으시겠습니까? 미래를 예견하는 가장 좋은 방법은 미래를 창조하는 것이라는 말도 있듯이, 진짜 중국 전문가가 필요하다면 직접 키워내는 것이 가장 확실한 방법입니다. 지름길도 없고 왕도(王道)도 없지만 시행착오를 감내할 인내심과 수업료를 치를 용기만 있으면 됩니다.

지금이라도 막대한 광고홍보비를 인재개발비로 전용(轉用)해보시는 게 어떨까요? 열정을 가진 인재들을 가려 뽑은 다음에, 이 책의 내용대로 직접 실천해보게 하는 겁니다.

물론 열심히 노력하다가 실패한 경우에는 책임을 면해주고요. 그것이 바로 경영자나 오너가 할 수 있는 '전략적 인내'가 아닐까요? 이 책의 내용을 충실히 따른다면 실패했을 경우에도 큰 손해는 입지 않을 겁니다.

국내 모 브랜드와 함께 타오바오 탑 셀러들과 왕홍들을 초청하여 행사를 진행하였다. 이들은 타오바오의 핵심이라고 해도 과언이 아니다.

왜냐하면 이 책의 내용 자체가, "한국 기업들이 이렇게 해주면 참 좋겠다."라고 중국 판매상들이 바라왔던 것들이기 때문입니다. 그러므로 설사 한두 번 실패했더라도 중국 판매상들과 시장이 여러분을 기억할 것입니다. 진정성 있는 노력이 통하지 않는 시장은 없으니까요.

제가 이번 단락의 제목을 '진짜 중국 전문가를 찾아라'가 아니라 '진짜 중국 전문가를 양성하라'라고 한 이유가 여기에 있습니다.

3장 김회장님의 착각

상황을 바꿀 수 없다면 자기 자신을 바꿔라.
If you can't change it, change your attitude.
- Maya Angelou

그들은 더 이상 보따리장수가 아니다

"네 시작은 미약하지만 그 나중은 심히 창대하리라." 성경 욥기에 나오는 말씀입니다.

타오바오를 비롯한 온라인 마켓에서 활동하는 중국 상인들 중에는 보따리 장수로 시작한 사람들이 많습니다.

한국 회사에 찾아와서 샘플을 얻어가거나 물건을 사갔던 사람들 중 상당수가, 이제는 어엿한 사무실과 직원을 거느린 탄탄한 유통기업이 된 것입니다.

이들은 수십만 명 이상의 충성고객을 보유한 경우가 많습니다. 이러한 충성고객들과 일반고객들은 다양한 SNS를 통해 연결되어 있습니다.

중국 시장에서는 이러한 관계, 즉 꽌시가 중요합니다. 판매상과 충성고객은 단순히 SNS로 연결되어 있는 것만이 아니기 때문입니다. "이 상인은, 이 상점은 믿을 수 있습니다. 이 사람이 말하는 것은 믿을 수 있고 그가 판매하는 제품은 믿고 살 수 있다."라는 신뢰 관계가 구축되어 있다는 뜻이니까요.

그러므로 한국의 단골 관계보다 좀 더 끈끈하고 지속적입니다. 중국인은 쉽게 '꽌시(관계)'를 맺지 않지만 한 번 맺으면 깊고 오래 지속합니다.

워낙 짝퉁이 많고 별별 사람과 사기꾼도 많다 보니, 조금 비싸더라도 이렇게 믿을 수 있는 사람에게 구입합니다. 중국에서는 그것이 오히려 경제적인 구매라고 볼 수 있습니다. 몇 푼 싸게 사려다가 이상한 물건을 사는 것보다는 훨씬 나으니까요.

그러므로 상인 입장에서도 힘들게 구축한 신뢰 관계(꽌시)를 유지하기 위해 애를 씁니다. 그러기 위해서는 믿을 수 있는 제품을 합리적인 가격에 제공해야겠죠? 몇 푼 더 벌자고 고객들을 속이는 것보다, 정직하게 판매하는 게 몇 배나 더 큰 이익이니까요. 그 결과, 소비자는 더욱 더 이 상인을 믿을 수 있게 될 것입니다. SNS로 신상품 정보를 받아보는 충성 고객이 늘어나는 건 당연하고요.

팔게 해주는 게 아니라 팔아주는 것이다

이렇게 성장한 상인들은 수백억 이상의 매출은 기본이고 글로벌 기업들이 앞다투어 샘플을 보내며 제발 팔아달라고 할 정도가 되었습니다. 이들 중에는 왕홍도 있고 일반적인 상점(상인)들도 있습니다.

틱톡, 콰이쇼우, 웨이보, 위챗 등의 다양한 채널을 운영하지만 공통적으로 타오바오를 운영하고 있습니다. 중국 마케팅의 처음과 끝은 타오바오이기 때문입니다.

그러나 한국 기업들은 아직도, '재 옛날에 보따리장사 하던 놈인데'라고 하면서 무시하기 일쑤입니다. 아직도 옛날 생각에서 벗어나지 못하는 셈입니다.

전세계 글로벌 기업들이 샘플을 싸들고 찾아와서 읍소한다는 게 결코 과장이 아닙니다. 거대한 중국 시장을 공략하기 위해서는 그들의 도움이 절실하기 때문입니다. 한국과 달리 중국은 백화점이나 타오바오, 징둥, 티몰, 핀둬둬 등에 물건을 뿌리기만 해서 되는 시장이 아닙니다. 광고비를 쏟아붓는다고 해서 되는 시장도 아니고요.

한국 기업이 중국 판매상에게 제품을 '팔게 해주는' 시대는 지났습니다. 이제는 중국 판매상이 요모조모 따져본 뒤에 한국 제품을 '팔아주는' 시대입니다. 한국 제품 말고도 팔 것은 넘쳐납니다. 전세계의 브랜드가 다 들어와 있으니까요.

그러므로 이제는 중국 판매상들을 첫 번째 고객이라고 생각해야 합니다. 중국 판매상들에게 '팔지' 못하면, 실제 소비자들에게도 팔 수 없습니다. 마치 소비자들에게 광고와 프로모션을 하듯이, 크고 작은 판매상들의 마음을 사로잡기 위해 노력해야 합니다. 그들이 원하는 것과 불편해하는 것을 캐치해서 해결해줘야 합니다.

구체적으로 어떻게 해야 하는지는 2부에서 구체적으로 말씀드리겠습니다. 그러나 방법이나 요령보다 더 중요한 것은 진정성입니다. 내 제품을 중국 시장에서 띄워주고 매출을 발생시켜주는 고마운 파트너로 생각해야 합니다. 윈-윈 전략으로 접근해야 합니다. 한 명이라도 더 많은 판매상이 내 제품을 판매하게 해야 합니다.

그리고 중국 소비자들이 무엇을 좋아하는지를 소비자들보다 더 잘 알고 있는 게 바로 판매상들입니다.

내 제품이 최고라는 착각

한국 제품이 중국에서 어려움을 겪는 이유는 선진국의 고급 제품들 때문만은 아닙니다. 다양한 중국 토종 브랜드가 생겨난 것이 더 큰 이유입니다.

화장품을 비롯한 소비재는 고도의 기술을 요하지 않습니다. 물론 첨단 제품이나 고급품은 다르지만 모든 소비자가 그런 고가 제품을 쓰는 건 아닙니다. 기술이 꼭 필요하다면 로열티를 주고 사오면 그만이고요. 어쨌든 중국 토종 브랜드에게 부족한 것은 기술보다는 신뢰와 신용입니다. 분유파동 등에서도 알 수 있듯이 아직도 중국 브랜드에 대한 불신이 남아있기 때문입니다.

물론 한국 제품이라는 브랜드 가치는 존재합니다. 한류와 국가 이미지 덕을 보기도 합니다. 그래서 수많은 불만과 실수들에도 '불구하고' 이제까지 팔렸던 것입니다.

그런데 이러한 이점들이 날이 갈수록 줄어들어 왔습니다. 사드 사태와 한한령은 그 속도를 조금 더 빠르게 했을 뿐입니다. 한한령으로 인한 피해는 분명히 존재했지만, 한한령이 없었다면 중국 시장에서 승승장구했을 거라는 생각은 사실과 거리가 멀다는 말씀을 드리는 것입니다. 중국과 분위기가 좋을 때도 중국에서 망하는 회사가 있었고, 사드 사태가 한창일 때도 매출이 성장하는 한국 회사가 있었습니다.

어쨌든 한국 제품은 더 이상 특별하지 않습니다. 유럽과 북미, 일본 등의 명품들이 중국에서 날로 성장하고 있습니다. 중국 브랜드 역시 크게 성장하고 있고요. 적어도 중국 내에서만큼은 한국 브랜드들을 압도하고 있는 게 사실입니다. 실제로 화장품 등의 판매순위는 대부분 중국 브랜드와 해외 명품 브랜드가 차지하고 있습니다. BB크림 등의 일부 품목을 제외하면 거의 그렇습니다.

한국 디자이너나 기술자를 고용해서 한국에서 생산한 뒤, Made in Korea 태그를 달고 중국에서 판매하는 기업들도 있습니다. 이들은 중국 기업이기 때문에 중국 사람들이 어떤 상품을 좋아하는지 너무 잘 알고 있습니다. 여기에 한국 제품이라는 프리미엄까지 붙여서 파는 것입니다. 중국 시장을 잘 모르는 한국 기업들이 이들과의 경쟁에서 승리할 수 있을까요?

그런데도 많은 한국 기업들이 "우리 제품은 특별해! 중국산과는 비교도 안 돼! 내 제품이 최고야!"라고 하십니다. 중국 시장 진출을 위한 미팅을 할 때마다 반복됩니다. "저희 제품은 이래서 특별하고요, 저래서 세계최고이고요…" 물론 다 맞는 말씀입니다. 자신이 만든 제품에 애착과 자부심을 갖는 것은 훌륭한 일입니다.

하지만 판매상의 눈에는 수백, 수천 개의 제품 중 하나일 뿐입니다. 나름의 장점이 전혀 없는 제품은 거의 없으니까요. 자기 제품을 좀 더 객관적으로 봐야 합니다. 그리고 제품의 품질만큼이나 이익률(이윤), 구매 조건, 재고 조건, 중국내 물류창고 입고 여부 등의 사항들도 중요합니다. 그런 부분들이 다 일치해야 제품을 판매할 수 있습니다.

예전에 중국 보따리상들에게 '간택받은' 제품들, 즉 보따리상들이 중국에 싸들고 가서 히트시킨 제품들도 주로 이윤이 많이 남는 제품들이었습니다. 무조건 싸게 공급하면 된다는 말씀을 드리는 게 아닙니다. 내 제품은 특별하니까 무조건 잘 팔릴 거라는 '근자감'(근거 없는 자신감)을 버리셔야 한다는 말씀을 드리는 것입니다.

특히 "내 제품은 무슨 일이 있어도 도매가로 000원은 받아야 해!"라고 하는 분들이 있습니다. 어째서 그 금액을 받으셔야 하는 거냐고 여쭤보면 정확히 대답하지 못하시면서 말이죠. 이제는 중국 판매상들과 유통업체들도 제품의 원가를 빠삭하게 아는 시대입니다. 그들이 생각하기에 공장도가가 너무 비싸면 다른 제품을 찾을 것입니다.

한국 제품 말고도 팔 제품은 널려 있으니까요. 우리가 팔게 해주는 게 아니라 저들이 팔아주는 것이라는 사실! 아쉬운 건 저들이 아니라 우리라는 사실! 치사하다고 생각하실 수도 있지만 그것이 현실입니다.

중국식 신토불이와 애국주의

"신토불이~ 신토불이~ 신토불이야~"하는 구수한 노래를 기억하시나요?

신토불이(身土不二)! 말 그대로 몸과 땅이 하나라는 뜻입니다. 주로 우리 땅에서 난 우리 농산물을 애용하자는 뜻으로 사용되어 왔죠. 더 나아가 국산품을 애용하자는 뜻으로도 널리 이용되어 왔습니다.

신토불이라는 슬로건이 등장한 시기는 대한민국이 민족적 자긍심을 되찾아가던 시기와 일치합니다. 경제발전과 함께 한옥과 한복, 한국 음악, 한식 등에 대한 자부심을 되찾던 시기였지요. "우리의 것이 소중한 것이야!", "가장 한국적인 것이 가장 세계적인 것이다."라는 슬로건들도 인기를 끌었고요.

코끼리밥솥을 비롯한 일제 상품들도 이러한 분위기의 영향을 받았습니다. 공중파 뉴스에서 유명인들이 코끼리밥솥을 대량으로 들여와서 판매한다며 비난한 적도 있었죠. 정부가 그밖에 다양한 방식으로 국산품 애용을 장려했었지요. 때마침 국산품의 질이 크게 올라가면서, 한때 한국 시장을 풍미했던 일본 제품들이 더욱 빠르게 사라져 갔습니다.

똑같은 현상이 중국에서도 일어나고 있습니다. 중국의, 중국에 의한, 중국을 위한 소비를 하자는 운동이 바로 그것입니다. 중국 국무원은 2017년부터 5월 10일을 '중국 브랜드의 날'로 정하고 정부 차원의 국산품 장려 운동을 하고 있습니다.

CCTV, 인민일보를 비롯한 언론매체는 물론이고 핀둬둬, 티몰, 징둥닷컴 등의 쇼핑몰들도 적극 동참해 왔습니다. 특히 핀둬둬는 '뷰티풀 라이프 · 메이드 인 차이나(美好生活 · 中國造)'라는 캠페인을 통해, 중국 전역에서 1만 개 이상의 국산품 판매 라이브 방송을 개설한 바 있습니다. 결과도 대성공이었고요.

중국의 지우링허우(90년대 이후 출생 세대)는 중국 문화와 국력에 대한 자부심이 높고 국산품을 애용하는 편입니다. 젊은 세대일수록 오히려 로컬 브랜드와 중국 상품을 선호하는 것입니다. 이들은 더 나아가서 중화제일주의, 즉 중국이 최고이고 세계의 중심이며, 머지않아 미국을 추월할 거라고 믿고 있기까지 합니다. 즉 중국 사람들은 한국 상품 최고!가 아니라 중국 상품 최고!를 외치고 있는 것입니다.

화장품을 비롯한 한국 소비재 전반이 이러한 분위기의 영향을 받고 있습니다. 수십 년 전에 코끼리밥솥이 겪었던 일을 바로 지금, 우리 기업들이 겪고 있는 셈입니다.

한국에 온 중국 사람들이 한국산 쿠쿠 밥솥을 싹쓸이해 가던 시절이 있었습니다. 그런데 최근에는 그런 일이 많이 줄어들었습니다. 중국 밥솥의 성능이 상당히 좋아졌기 때문이지요. 여기에 국산품 애용 운동까지

맞물리면서, 더 이상 예전과 같은 특수를 기대할 수 없게 된 것입니다.

한때는 적수가 없던 외산 제품이 국산 제품의 품질 경쟁력 강화와 국산품 애용 분위기라는 2연타를 맞고 주저앉아버린 사건! 이것이 약 30년의 시차를 두고 한국과 중국에서 반복되고 있는 것입니다.

좋은 벤더만 만나면 된다는 착각

"좋은 벤더(총판) 좀 소개시켜 주세요."

지겨울 정도로 듣고 또 듣는 말입니다.

좋은 벤더, 즉 힘 세고 돈 많은 총판이나 판매상만 만나면 모든 게 해결될 거라는 로또식(?) 벤더만능주의가 드물지 않습니다. 내가 책정한 공장도가가 경쟁사보다 높아도, 중국 물류창고에 재고를 많이 비축해둘 수 없어도, 중국에서 광고나 마케팅을 전혀 하지 않아도, 벤더만 잘 잡으면 수십억 원의 매출을 올릴 수 있다고 생각하는 분들이 의외로 많습니다.

그럴 때마다 저는 차분하게 말씀드립니다.

"그런 벤더는 없습니다, 회장님."

예전에는 그런 시절도 있었습니다. 하지만 제가 이 책에서 몇 번이나 반복해서 말씀드리는 것처럼, 그런 시절은 이제 끝났습니다. 전생에 나라를 구하신 게 아니라면 그런 벤더를 만나기 어렵습니다.

존재하지 않는 벤더를 만나지 못하는 것 자체는 아무 문제 없습니다. 단지 아무 일도 일어나지 않을 뿐이니까요.

문제는 한국 기업들의 착각을 중국 기업들이 역이용한다는 데 있습니다. '크고 좋은 벤더만 만나면 모든 게 해결될 거라는 착각'을 이용해서 사기에 가까운 수법으로 한국 기업을 후려치는 것입니다.

지금부터 실제로 있었던 예를 들어 드리겠습니다.

우리 안의 사대주의(事大主義)

"우리는 알리바바에서 투자를 받은 회사예요. 지금도 많은 자금을 가지고 있고 앞으로도 이러저러한 거대한 사업들을 할 예정이죠."

이렇게 말하면서 한국 기업을 방문하는 중국 회사가 있었습니다. 사실 한두 개가 아니었습니다. '크고 좋은 벤더에 목을 매는' 한국 기업들의 성향을 중국 업체들이 잘 알고 있다는 뜻입니다.

그들은 이렇게 말합니다.

"우리는 1천억 원의 매출을 올려드릴 수 있습니다."

그러면 상당수의 한국 기업들이 껌뻑 넘어갑니다. 너무 좋아하십니다. 그리고 3년, 5년짜리 계약을 덜컥 맺습니다.

하지만 이런 경우는 결말이 좋지 않은 경우가 더 많았습니다. 1천억 매출을 이야기한 다음에 실제로는 100억, 아니 10억 매출밖에 안 되는 경우가 비일비재한 것입니다.

"1천억을 할 수도 있다고 한 거지, 하겠다고 보장한 건 아니잖아요?"

틀린 말은 아닙니다. 누구도 미래는 알 수 없으니까요.

하지만 한국 기업은 이미 그 말을 믿고 1천억원어치 물건을 만들어놓은 경우가 비일비재합니다. 자그마치 마윈의 알리바바가, 아니 알리바바의 마윈이 (직접) 투자한 회사고, 공산당의 높으신 분들과 엄청난 꽌시가 있으며, 막대한 자금을 가진 회사니까, 장밋빛 희망에 빠져서 기존 거래처는 무시하고 새로운 계약을 맺는 것입니다.

이러한 오판의 근거에는 '중국은 땅도 넓고 사람도 많으니까 1천억 정도는 쉽게 달성할 수 있을 거야!'라는 근거 없는 낙관주의가 자리하고 있고요. 더 이상은 '중국 사람들에게 볼펜 한 자루씩만 팔아도 13억개를 팔 수 있다.'라는 식의 판타지소설을 이야기하는 분은 없지만, '그래도 중국은 크잖아?'라는 심리가 은연중에 깔려 있는 듯합니다.

하지만 마윈은 알리바바가 투자한 회사를 다 알고 있을까요? 알리바바가 투자한 회사는 수천 개가 넘습니다. 대기업이 사모펀드를 결성할 수 없는 한국과 달리 중국에서는 스타트업에 대한 투자가 자유롭기 때문입니다. 중국 IT산업의 양대산맥인 알리바바와 텐센트는 조금이라도 가능성이 있는 기업들에 공격적인 투자를 하는 것으로 유명합니다. 이들의 투자가 핀테크를 비롯한 중국 IT산업의 발전에 큰 도움이 되었고요.

제가 드리고 싶은 말씀은 중국의 기업가가 "나는 알리바바에서 투자를 받았다, 나는 마윈과 친하다, 공산당과 꽌시가 있다, 우리 회사는 어마어마하게 크다."라고 하는 말에 일희일비하지 마시라는 겁니다. 특히 '알리바바에서 투자를 받은' 회사는 수천 개는 되니까 그냥 그런가보다 하시면 됩니다. 아니, 오히려 더욱 경계할 필요가 있습니다. 자신을 포장하고 어필해야 하는 그들만의 필요가 있다는 말도 되니까요.

하지만 현실에서는 그 반대입니다. 마윈에게서 투자받은 알리바바 계열사라는 말을 듣자마자 두 눈을 반짝이며, "정말 대단하시네요! 마윈을 본 적 있으세요?"라고 물어보는 한국 비즈니스맨들을 몇 번이나 봤습니다. 그러면 중국 사람은 의기양양한 표정으로 "봤죠."라고 말합니다. 그러면 또 이런 질문이 오고갑니다. "마윈을 아세요?" "알죠." "와 부럽네요!"

중요한 건 마윈이 그 사람을 아는가이지, 그 사람이 마윈을 아는가가 아니잖아요? 거짓말 같지만 중국에 대해서 이 정도의 인식과 환상을 가진 분들이 중국인들과 거래를 하고 협상을 하려고 합니다. 그러다 보니까 이러한 일들이 일어나는 것입니다.

예를 들어 이런 겁니다. A라는 중국 회사 직원이 찾아와서 이렇게 말합니다. "우리는 알리바바의 마윈이 투자한 계열사고 엄청난 자금과 능력을 가진 회사다. 우리가 50억원어치를 사갈 테니까 준비해주기 바란다." 그러면 한국 기업체 오너는 "우와 마윈!" "우와 알리바바!" 라고 외치면서 50억원어치 물건을 열심히 만듭니다.

처음 1억원어치는 사갑니다. 하지만 나머지 49억에 대해서는 감감무소식입니다. 있는 돈 없는 돈에 영혼까지 끌어모아서 50억원어치 악성 재고를 생산한 한국 업체는 애가 탑니다. 하지만 중국 업체는 기다리라고만 하지요. 바로 이때 B라는 중국 업체가 등장해서 이렇게 말합니다.

"사장님 49억원어치 재고 때문에 골치 아프시죠? 제가 원가에 털어드리겠습니다." 물론 알고 보면 A와 B는 한통속이죠. 이런 식으로 49억원짜리를 30억원 정도에 사가는 일이 생각보다 많습니다.

중국에는 상인도 많고 상술도 발달했습니다. 게다가 속는 놈이 멍청해서 속은 거라고 생각하기 때문에 속이는 데 죄책감도 덜한 편입니다. (모든 중국 사람들이 그렇다는 말은 아니니 오해마시길.) 그러다 보니 정말 순진한(?) 한국 사람들은 상상도 못할 방법으로 당하는(?) 경우가 비일비재합니다. 제가 중국에 대해서 너무 큰 기대를 하지 말라고 하는 이유가 여기에도 있습니다.

중국이면 무조건 가능하다는 착각

새로운 한국 기업과 계약을 맺어서 중국 마케팅을 도와드리는 경우, 담당자나 경영진이 초반에 이렇게 말씀하시는 경우가 많습니다.

"황대표님, 저희 제품 올해 중국 매출이 얼마나 될까요? 공급가(공장도가) 기준으로요."

"제 예상으로는 10억 정도 될 것 같습니다."

"뭐가 그렇게 쩨쩨하세요? 최소한 100억, 200억은 돼야죠? 중국이잖아요?"

"아무리 중국이라고 해도 갑자기 그렇게 큰 매출을 내기는 어렵습니다."

"중국에서 온 회사들은 100억, 500억은 금방이라고 하던데요?"

"그런 말씀은 한 귀로 흘려들으시는 게 좋아요. 대개는 그냥 막 던지는 말이거든요."

"중국 공산당하고도 친하고 텐센트 투자도 쎄게 받았다던데…? 마윈하고 찍은 사진도 보여주던데…"

"중국은 대기업도 사모펀드를 운용할 수 있어서요, 투자의 개념과 목적이 한국과는 많이 달라요. 그건 그렇고… 사장님 제품 공급가가 5천원인데, 2백만 개 공급은 가능하세요?"

"네?"

"5천원짜리 제품으로 100억원의 매출을 올리려면 2백만 개를 팔아야 하잖아요? 그러니까 2백만 개의 제품을 생산, 유통할 준비가 되어 있어야 매출도 가능하죠. 그런 부분은 한국이랑 똑같아요."

그렇게 여쭤보면 대답을 못 하시는 경우가 많습니다. 단기간 내에 몇

백만 개의 상품을 생산해서 중국으로 보내고, 중국 내의 창고에서 보관하는 것이 부담스럽기 때문입니다. 아니, 2백만 개를 생산할 계획이나 비용조차 마련되어 있지 않는 경우가 대부분입니다. 그럼에도 불구하고 '중국이니까' 엄청난 판매고와 매출이 가능할 거라고 생각하시는 분들을 많이 보았습니다.

대기업과 같은 큰 회사들은 이런 부담이 덜하겠지만, 팔릴지 안 팔릴지 모르는 상황이라는 전제가 붙으면 대기업조차 부담스럽기는 마찬가지입니다. 누군가는 재고에 대한 책임을 져야 하니까요. 대량 생산은 대량 재고의 가능성을 내포하고 있기 마련이니까요. 이것은 실제로 숱하게 일어나고 있는 일입니다.

저라면 일단 1만 개만 만들어서 중국 판매상에게 줘보겠습니다. 그래서 잘 팔리면 3만 개, 더 잘 팔리면 5만 개를 갖다 놓겠습니다.

하나의 제품을 생산하는데 한 달 반, 중국 창고에 보내는데 한 달 정도 걸린다고 하면 1만 개가 3만 개로, 3만 개가 5만 개, 10만 개로 늘어날 때까지 1년의 시간이 소요됩니다.

제가 매출을 10억으로 이야기하는 이유가 여기에 있습니다. 일반적인 중소기업이 중국에 진출해서 10억의 매출을 내는 것조차 쉽지 않다는 걸 알기 때문이지요.

200만 개는 100만 개가 다 팔리고 나서 생산해도 늦지 않습니다. 판매 추이만 봐도 향후 판매량은 어느 정도 예측 가능하시잖아요? 물론 적정 수준의 재고는 유지해야겠지만요. 사실 '이 제품 뜨겠는데?' 싶으면 중국 판매상이 일찌감치 언질을 해줍니다. 이거 잘 나가니까 좀 더 많이 만들어두면 좋겠다고요. 그 정도면 입도선매, 즉 생산이 끝나기도 전에 돈부터 줄 수도 있겠죠?

실제로 몇 년 전, 한국 브랜드의 수가 지금보다 훨씬 적을 때는 그런 일이 가능했습니다. 그때는 외국 브랜드와 중국 브랜드의 수도 적을 때였죠. 그때는 소비자에 비해 공급자와 브랜드가 너무 적으니까, 말 그대로 중국 판매상들이 '돈을 짊어지고 와서' '줄을 서서 기다렸다가' 사갔습니다. 현금 뭉텅이를 그 자리에서 줬죠. 이 책의 초반에 말씀드린 '한국 브랜드사들의 갑질'도 이때는 가능했습니다.

이렇게 돈을 막 퍼주면서 "물건은 한 달 뒤에 받을게요."라고 하는 경우에는 백만 개씩 바로 생산하는 게 가능합니다. 실제로 2016년 하반기에 중국 시장에서 잭팟을 터뜨린 A 기업의 경우, 수십 개의 중국 판매상들과 한국 대행사들이 각각 10억씩 들고 와서 물건을 받아갔습니다. 심지어 저도 그 수십 명의 중에 하나였고요.

이렇게 해서 순식간에 몇백 억이 모였습니다. 그 돈으로 아무 걱정 없이 대량으로 생산을 했고요. 남의 돈으로 내 시장을 확 키워버린 셈입니다. 이런 상황이라면 매출이 확 튀어오르는 게 당연하겠죠? 시간도 많이 안 걸릴 테고요.

그러나 그런 '대박'은 점점 더 어려워지고 있습니다. 공급자의 증가 속도가 소비자와 시장의이 커지는 속도보다 더 빠르기 때문입니다. 어찌 보면 시장이 정상화, 일반화, 성숙화되고 있다고 볼 수도 있습니다. 어떤 업계든지 중박이나 소박(?)이 대부분이고, 대박은 드문 법이니까요.

사실 그때도 A기업처럼 성공한 사례보다는 실패한 사례가 더 많았습니다. 대표적인 사례가 B기업이 유명 한류스타 C씨의 이름으로 만든 마스크팩입니다. 대박의 꿈을 안고 자그마치 천만 장이나 생산했지요.

하지만 지금은 악성재고를 넘어 기부용 물품으로 풀리고 있습니다. 동남아시아 등지에서 한국 연예인 마스크팩이나 코스메틱 상품을 흔하게 볼 수 있는 이유가 여기에 있습니다.

여담이지만 중국 소비자들은 연예인들의 이름을 브랜드로 내건 상품을 좋아하지 않습니다. 연예인들이 실제로 사용하는 제품을 좋아하는 것뿐이지요. 한국 기업들이 이 차이를 확실히 아셨으면 좋겠습니다.

이제는 냉철하고 합리적으로 중국 시장에 접근해야 합니다. 중국에 대해 지나친 환상을 가질 필요도 없고 비관할 필요도 없습니다. 사람이 많고 땅덩이가 크다는 것은 내가 대박을 치기 위한 필요조건일 뿐, 충분조건은 아닙니다. 오히려 경쟁도 심하기 때문에 성공하기가 더 까다롭다고 생각해야 합니다. 저는 주위 사람들에게, "중국은 한국보다 20배나 크기 때문에 경쟁도 20배나 치열하다."라는 말을 종종 하곤 합니다.

통계의 함정

한국 기업들이 중국 마케팅을 할 때, '중국 마케팅을 이렇게 한대' 또는 '중국에는 이런 마케팅 툴과 플랫폼들이 있대' 등의 단편적인 생각만 가지고, 공개된 자료에 근거해서 막연한 마케팅을 하는 경우가 있습니다. 그러나 이런 마케팅은 실제 중국 소비자들에게 효과적으로 전달되지 못하는 경우가 더 많습니다.

대표적인 예가 바이두(百度, www.baidu.com)에 키워드 광고를 하는 것입니다. 하지만 중국 사람들은 제품을 바이두로 검색하지 않습니다. 바이두가 중국 최고 최대의 검색엔진인 것은 맞지만요.

물론 검색을 아예 안 하진 않죠. 하지만 타오바오에 비하면 미미한 수준입니다. 타오바오로 검색하면 상품에 대한 상세 스펙과 정보는 물론이고, 누가 얼마에 팔고 있는지, 지금 얼마나 인기가 있는지, 사용후기와 장단점은 어떠한지를 손쉽고 빠르게 알 수 있습니다. 상담사와의 채팅을 거쳐서 바로 구매할 수도 있고요. 그런데 왜 굳이 바이두를 사용하겠습니까?

그런데도 한국에서 중국 마케팅을 직접 하거나 대행한다는 분들 중에는 '바이두에 키워드 광고를 하겠다'라고 하는 분들이 계십니다. 웨이보 마케팅도 마찬가지입니다.

안될 건 없습니다. 딱히 나쁠 것도 없지요. 하지만 비용 대비 효과, 즉 가성비를 생각해보면 타오바오가 훨씬 낫습니다. 정 바이두 마케팅을 하고 싶으시면 타오바오 마케팅, 샤오홍슈 마케팅 등의 '필수' 마케팅을 다 하고 나서 하시기를 권해드립니다.

이런 오류가 나오는 이유는 통계 때문입니다.

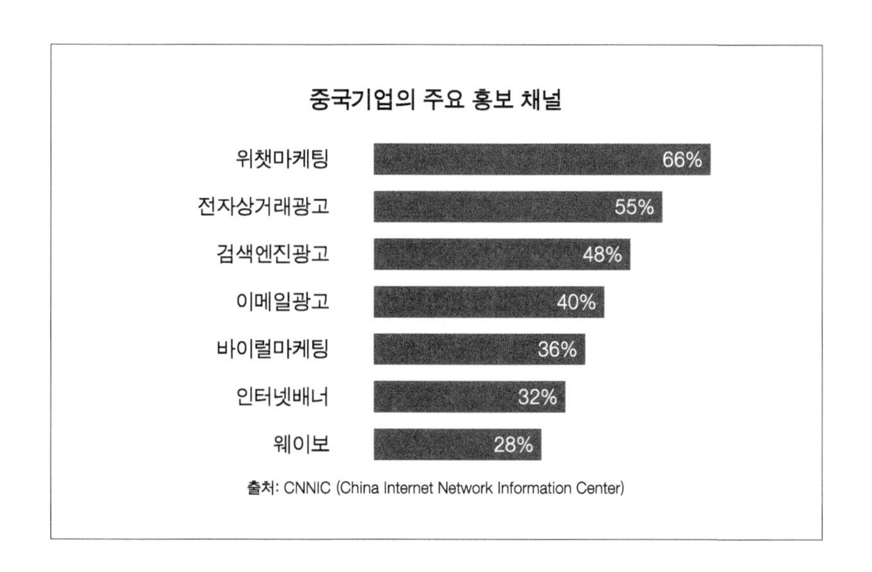

위와 같은 통계자료를 보고, "검색량이나 유입이 많은 사이트니까 광고 효과도 더 높겠지?"라고 생각하면 오산입니다. 자사 제품의 카테고리와 목표 소비자를 감안해서 최적의 마케팅을 진행해야 합니다. 중국 파트너 또는 판매상에게 자문을 구하는 것도 좋은 방법입니다.

저는 중국에서 오랫동안 살면서 사업을 했습니다. 제가 창업한 회사에서 저만의 브랜드를 개발하고 저만의 상품을 판매했습니다. 다양한 광고와 마케팅도 직접 집행해 보았고요.

하지만 검색어 광고는 거의 하지 않았습니다. 중국 최대의 검색엔진인 바이두닷컴에 키워드 광고를 하지 않았다는 뜻입니다. 위챗마케팅이나 웨이보 마케팅도 거의 하지 않았습니다. 타오바오 마케팅이 더 낫기 때문입니다. (물론 이것은 제품에 따라, 타겟에 따라 다를 수 있습니다.)

한국 기업들이 진행하는 상당수의 중국 마케팅이 소기의 성과를 내지 못하는 경우가 많습니다. 중국 소비자들에게 제대로 전달이 안 되는 것이지요. 독자 여러분이 그런 문제로 고민하고 있다면, 지금이라도 타오바오 마케팅을 시작해보면 어떨까요?

중국 시장과 한국 시장이 같다는 착각

한국 기업들은 "어? 바이두가 방문자가 제일 많네? 바이두가 중국판 네이버인가 보다!"라고 생각해서 바이두 마케팅을 합니다.

그러나 이것은 중국 시장을 한국식으로 생각하기 때문에 발생하는 잘못입니다. 중국 사이트를 한국 사이트와 1대 1로 대응시켜서 생각하는 것이지요. 그런 식으로 생각하면 이해가 쉽기 때문입니다. 일종의 편법인 셈이지요.

중국에서 가장 큰 검색사이트, 바이두! 한국에서 아직도 압도적인 점유율을 자랑하는 네이버! 이 두 사이트의 성격은 상당히 다릅니다. 적지 않은 한국 기업들이 중국에서 키워드 광고를 하고 싶어합니다. 아마도 네이버 검색어광고 때문인 것 같습니다.

하지만 키워드 광고로 제품명이나 브랜드가 노출되었다고 해서 물건이 팔리는 게 아닙니다. 중국은 신뢰의 문제 때문에 더 그렇습니다. 키워드 광고가 인지도 상승에 도움이 될 수는 있습니다. 하지만 실제 구매로 이어지지 않는 인지도가 무슨 소용이 있겠습니까?

저에게도 주위 분들이 가끔 물어보십니다. "중국에도 네이버 같은 사이트가 있어? 카카오톡 같은 거 있어? 옥션이나 지마켓 같은 거 있어?" 그러면 저는 이렇게 말씀드립니다. "네이버 같은 건 바이두가 있고요,

어느 타오바오 점주의 사무실. 전세계 유명 브랜드들이 앞다투어 샘플을 보내온다. 매출 또한 웬만한 한국 중소기업을 능가한다.

카카오톡 같은 건 위챗이고요…"라고요.

하지만 이것은 어디까지나 편의적인 대답일 뿐입니다. 실상은 많이 다릅니다. 네이버 같은 사이트, 지마켓 같은 사이트, 카카오톡 같은 서비스는 중국에 존재하지 않습니다. 물론 비슷한 사이트나 서비스는 있지만요.

타오바오는 아마존과 다릅니다. 타오바오는 지마켓이 아닙니다. 네이버 쇼핑이나 옥션과도 다릅니다. 작은 차이라고 생각하실 수 있지만 사용자의 이용방식, 이용경험, 이용목적 등에서 큰 차이를 만듭니다.

한마디로 말해서 중국 소비자가 온 · 오프라인 광고를 보고, 흥미를 느껴서 그 상품을 검색해보고, 가격을 비교해보고, 실제로 구입하기까지의 과정이 한국 소비자와는 '작지만 크게' 다르다는 뜻입니다.

"한국 제조업체인 내가 그 모든 걸 다 알아야 하나요?"

물론 다 알 필요는 없습니다. 핵심적인 포인트와 흐름만 알면 충분합니다. 세부적인 부분은 그때그때 바로잡으면 되고, 혹시 잘못되더라도 큰 문제가 되지는 않으니까요.

"중국 소비자는 한국 소비자와 다른 방식으로 생각하고, 검색하고, 구매하는구나."

"중국 시장 통계자료를 맹신하지 말고 참고만 하면 되겠구나."

"타오바오를 중심으로 판매와 마케팅을 진행하면 중간은 가겠구나."

이런 것이 바로 큰 흐름을 안다는 것입니다.

마지막으로 한 말씀만 더 드리면서 1부를 마무리하겠습니다.

"최근 몇 년 동안에 키워드 광고를 해서 성공한 사례가 없습니다."

2부
중국 시장
타오바오가 답이다

Quick Tips

한국 사람들은 승자독식 논리에 익숙합니다. "세상은 2등을 기억하지 않는다."라는 노골적인(?) 광고도 있었죠. 올림픽에서 은메달을 딴 선수들이 "금메달을 따지 못해 죄송하다."라고 울먹이기도 했고요.

물론 이제는 그렇지 않습니다. 한국 사회와 국민들의 의식이 성숙해졌고, 선진국 반열에 오르면서 조금은 여유가 생겼기 때문일 것입니다. 하지만 무조건 1등제일주의, 승자독식주의 마인드가 완전히 사라지지는 않았습니다.

하지만 중국에서 성공하기 위해서는 바꿔야 합니다. '내가 다 하고 내가 다 먹는' 사고방식으로는 성공을 지속하기 어렵습니다. 왜냐하면 중국 사람들은 '같이 일하고, 같이 나눠먹는' 비즈니스 스타일에 익숙하기 때문입니다. 아마도 땅덩어리가 넓고 사람도 많기 때문이 아닐까요? 땅도 크고 사람도 많으면 그만큼 경쟁도 심하고 눈에 띄기도 어려울 테니까요.

중국에 진출하거나 중국 시장에서 매출을 올리고자 하는 한국 기업들은 이 사실을 명심해야 합니다.

1장 판매 생태계를 형성하라

> 강자들만이 서로 협력할 수 있다.
> Only strength can cooperate.
> — Dwight D. Eisenhower

마인드를 바꿔라

드넓은 땅덩이와 10억 단위의 인구, 그리고 전세계에서 좋다는 제품들은 다 뛰어들어와서 경쟁하는 세계최대의 소비시장, 중국! 이런 중국에서 살아남기 위해서는, 이론과 통계밖에 모르는 학자나 '자칭 중국 전문가'가 필요한 게 아니라 중국을 가장 잘 알고, 중국에서 실제로 열심히 제품을 판매하고 있는 중간판매상들로 이루어진 판매 생태계가 필수적입니다. "혼자서는 세상을 구할 수 없다."라는 어느 영화의 슬로건처럼, "혼자서는 중국에서 부자가 될 수 없다."라는 점을 잊어선 안 됩니다.

중국 사람들은 이것을 잘 알고 있습니다. 그래서 가능하면 '독고다이' 하지 않고 힘을 모으려고 합니다. 물론 별별 사람들이 다 있으니 무조건 그렇다고 할 순 없지만요. 어느 국가, 어느 지역에나 탐욕스러운 사람은 존재하니까요.

예컨대 한국에서는 "친할수록 절대로 동업하지 마라."라고 하지만 중국은 그렇지 않습니다. 동업을 하는 걸 자연스럽게 생각합니다. 땅이 넓고 사람이 많은 만큼 경쟁도 치열하기 때문에, 여럿이 힘을 모아서 목표를 이루는 것을 당연하게 여기는 것이지요. 그래서 중국 사람들이 꽌시, 즉 관계를 중요하게 생각하는 것입니다.

꽌시의 본질이 바로 여기에 있습니다. 내가 믿을 수 있고, 나를 믿어주는 '진짜 파트너십', 그것이 바로 꽌시인 것입니다. 몇 번 술을 같이 마셨다고 꽌시가 생기는 게 아닙니다. 중국인들은 한국인들에 비해 '선(線)선'이 명확합니다. 유들유들하고 허술한 것 같지만 자신이 정한 선을 절대 넘지 않습니다. 중국 사회가 그런 인간상을 선호하는 면도 있고요.

물론 이를 위해서는 자신이 가진 것을 '파트너'들에게 나누어줘야겠죠? 이것이 바로 '오픈마인드'입니다. 한국과 중국 양쪽에서 오래 살아본 제가 볼 때, 한국은 중국보다 '내 것'에 대한 집착이 더 강한 것 같습니다. 물론 그로 인한 장점도 있겠지만 조금은 넓고 편하게 생각해도 좋지 않을까요?

판매단계가 많을수록 많이 팔린다

판매상도 고객입니다.

중국에서는 (소비자로 하여금) 사게 하는 것보다 (판매자로 하여금) 팔게 하는 것이 더 중요합니다. 당신의 첫 번째 고객은 소비자가 아니라 판매자(seller)입니다. 영화감독의 첫 번째 고객은 대중이 아니라 제작자 또는 투자자이고, 회사원의 첫 번째 고객은 소비자가 아니라 직장상사인 것과 같습니다.

그러므로 파는 사람, 즉 판매상에게 먼저 팔아야 합니다.

이익이 있는 곳에 열정이 있습니다. 이윤은 판매상도 춤추게 합니다. 우리는 어떻게 해야 중국 판매상이 더 많은 돈을 벌 수 있을지를 연구해야 합니다. 그들이 돈을 번다는 말은 곧 우리가 돈을 번다는 말이니까요.

그리고 또 한 가지! 한국적인 마인드로는 이해하기 힘든 법칙이 있습니다.

당신과 소비자 사이에 수많은 중간단계가 있을수록 좋다는 것입니다. 즉 한 명이라도 더 많은 사람이 내 물건을 팔수록 좋습니다.

중간상인이 많을수록 좋다고? 그들이 내 이윤을 차지하는데도?

그렇지 않습니다. 그렇게 생각하는 것은 전형적인 한국식 사고방식입니다. 한국에서는 중간상인을 필요악으로 생각하니까요. 그래서 어떻게 해서든 중간 단계를 줄이는 게 상식입니다.

하지만 중국에서는 그렇지 않습니다. 한국보다 20배나 큰 시장이다 보니 상품도 많고, 브랜드도 많고, 소비자도 많고, 매체도 많기 때문입니다. 이런 시장에서 한국처럼 제조사가 모든 것을 통제하고 독식하려는 생각은 현명하지 못합니다. 현명하지 못하다는 말은 중국 실정에 맞지 않는다는 말입니다.

여러분의 제품을 푸시(PUSH)해줄 우군을 늘리세요. 그들이 각자의 위치에서 신바람나게 일하게 응원해 주세요. 그럴수록 여러분 또한 더 강해지고 부유해지기 때문입니다. 중국처럼 인간관계와 네트워크가 중요한 사회에서는 더욱 그렇습니다.

저는 이것을 "B와 C 사이에 수많은 B가 존재한다."라고 표현합니다. 이때의 B는 Business, 즉 판매자나 생산자를 의미합니다. C는 물론 Customer, 즉 소비자를 뜻하고요. 흔히 B2B, B2C라고 할 때와 똑같습니다.

한국과 달리, 중국에서는 생산자(B)와 소비자(C) 사이에 수많은 중간 판매상이 존재하는 것이 좋습니다.

이것을 그림으로 간략히 나타내면 아래와 같습니다.

저는 이것을 '판매 생태계를 구축한다'라는 말로 표현합니다.

판매 생태계를 구축해야 하는 이유는 중국의 국민 메신저, 위챗만 봐도 알 수 있습니다. 지금 이 순간에도 위챗에는 수많은 판매자들이 자신의 '팬' 또는 '친구'들에게 제품 정보를 보내고 있습니다. 한국에서는 무조건 스팸으로 치부하겠지만 중국에서는 그렇지 않습니다. 내가 허락하지 않으면 위챗에서 나에게 메시지를 보낼 수 없기 때문입니다.

중국 소비자는 믿을 수 있는 판매상에게서 사고 싶어합니다. 중국은 아직 신뢰가 부족한 사회니까요. 다른 말로 하면 '사회의 신뢰 자본이 부족한' 나라입니다.

오히려 그래서 '나에게 신뢰를 주는 사람'을 특별하게 생각합니다. 따라서 좋은 거래를 해온 판매상은 나의 '친구'에 포함시켜서 소통합니다.

중국 소비자들은 지인들에게 이러한 '친구'를 소개해주기도 합니다. 중국 소비자는 유난히 지인들의 추천에 약한 편입니다. 믿을 수 있다고 생각하기 때문이죠. '물건을 팔기 전에 마음을 팔아라. 친구가 되어라.'라는 격언이 중국처럼 딱 들어맞는 시장도 없습니다.

중국 판매상들도 물론 이 사실을 잘 알고 있습니다. 그래서 그들은 많든 적든 '자기 고객'을 확보하고 있습니다. 가격이 아니라 신용을 미끼로 말이죠. '다단계식으로', '꼬리에 꼬리를 물고' 판매상을 최대한 확보하는 게 중요한 근본적인 이유가 여기에 있습니다.

충성고객을 확보한 판매상을 중심으로 좋은 상품과 소비자가 촘촘히 연결되는 것, 이것이 바로 바람직한 판매 생태계의 모습입니다.

톨스토이는 틀렸다

러시아의 대문호 톨스토이는 "행복한 가정은 서로 닮았지만 불행한 가정은 모두 저마다의 이유로 불행하다."라고 한 바 있습니다.

이것은 가정뿐만 아니라 기업에도 해당되는 말입니다. 계속해서 잘나가는 기업들은 모두 비슷하게 행복해할 것이고, 경영상의 어려움을 겪는 기업들은 저마다 다양한 이유 때문에 힘들어하고 있을 테니까요.

그러나 중국에서 한때 성공을 거두었다가 곤란을 겪고 있는 한국 기업들에게는 해당되지 않는 말입니다. 무슨 말인고 하니, 중국에서 불행한 한국 기업들, 특히 화장품과 같은 소비재 기업들이 몰락하는 모습이 거의 비슷하다는 말씀입니다.

중국에서 갑자기 대박이 납니다. 그러자 중국에 지사를 설립하고 거액의 마케팅 비용을 지출하기 시작합니다. 불필요해 보이는 중간 상인들을 모두 정리하고 소비자에게 직접 판매하려고 하지요. 특히 고비용 비효율 때문에 벼르고 있던(?) 타오바오 관련 채널을 싹 정리합니다. 여기까지의 과정이 공식처럼 똑같이 진행됩니다.

그러자 기다렸다는 듯이 매출이 곤두박질치기 시작합니다. 중국에서 성공했다가 그것을 유지하지 못하고 실패한 회사들은 톨스토이의 말과 달리 공통적인 과정을 겪는 것입니다. 과연 왜 그럴까요?

판매 생태계를 없애버린 대가

2013년부터 2016년까지 중국 시장에서 히트한 6개 코스메틱 브랜드가 있었습니다.

A기업, B기업, C기업, D기업, E기업, F기업.

상기 6개 기업은 당시에 유행하던 드라마 한류, 제품의 우수성, 중국 판매상들의 입소문 등으로 큰 성공을 거두었습니다. 오랫동안 10억, 20억 매출을 하다가 갑자기 몇백 억 매출을 올린 것입니다. 매년 10억 단위의 매출을 올리다가 바로 다음 해에 2천억 원의 매출을 올린 회사도 있었습니다. (코스메틱 업계에 계신 독자님이라면 이니셜만 보고도 어느 회사인지 아실 듯해서 A, B, C, D, E로 표시했습니다.)

이들의 공통점은 비슷한 시기에 중국에서 성공했다는 것뿐만이 아닙니다. 중국에서 히트하기 전에는 대부분이 10~20명 정도 규모였다가, 중국에서 터지고 나니까 100명, 200명으로 직원이 크게 늘어났다는 점도 비슷합니다. 중국 광고마케팅 비용을 기존의 열 배, 스무 배씩 쓰기 시작한 것도 같았고요. 심지어 200억, 300억씩 집행하는 경우도 봤습니다. 그리고 공통적으로 상하이에 지사를 설립합니다.

그중에서도 가장 비극적인(?) 공통점은, 첫 번째 히트상품이 가능하게 했던 '판매 생태계', 즉 중간 판매상들의 공급망을 스스로 없애버렸다는 것입니다. 18%에 출고하던 가격을 25%로 받고 싶어서 그렇게 한 것이죠. 위의 6개 회사 중에서 오직 A기업만 그렇게 하지 않았습니다.

그 결과는 냉혹했습니다. A기업을 제외한 5개 기업의 매출이 급락하기 시작한 것입니다. 상장된 회사의 경우 당연히 주가도 폭락했지요. 상기 업체 중에 한 곳은 중국 매출이 전성기에 이르렀을 때 몇천억 원에 달하던 기업 가치가 지금은 1천억도 안 됩니다. B기업은 2조를 상회해서 유니콘 기업으로까지 불렸지만, 지금은 불과(?) 몇천억 원 수준입니다. C기업은 적자가 누적된지 오래고 D기업도 몇천억 원 규모에서 몇백억 규모로 쪼그라들었습니다. E기업도 마찬가지고요.

회사 값어치가 공통적으로 3분의 1, 4분의 1 이하로 줄어든 셈입니다. 이 다섯 개 회사들이 전부 다 공급망을 해체하고, 인건비와 광고비를 대폭 늘리고, 중국에 지사를 설립한 것이 단지 우연일까요? 인과관계가 성립한다고 보는 게 맞지 않을까요?

제가 위에서 든 기업들은 극히 일부의 예일 뿐입니다. '망하는 회사는 망하는 이유가 있다.'라는 저의 주장을 뒷받침해줄 사례는 훨씬 더 많습니다.

한편, A기업은 거의 아무 것도 하지 않았습니다. 이 회사 대표님은 기존 공급망을 없애지도 않았고, '더 좋은 조건의' 공급 계약을 새로 맺지도 않았고, 굳이 광고홍보비를 늘리지도 않았고, 괜히 지사를 설립하지도 않았습니다. 직원을 더 뽑긴 했지만 많이 뽑지는 않았습니다.

그 결과는 어떻게 되었을까요? 네, A기업은 장기적으로 10% 정도의 매출 감소가 발생하긴 했지만 큰 부침 없이 순항중입니다. '차라리 그냥 내버려둔' 것이 '한국식 경영합리화(?)'보다 월등히 뛰어난 결과를 가져다준 셈이지요.

핵심은 '판매 생태계', 즉 '공급망 체인'을 다양하고 풍성하게 유지하는 것입니다. 그 외의 요소들은 부차적인 것입니다. 판매 생태계만 유지된다면 광고를 하든 말든, 중국 지사를 설립하든 말든 상관없습니다. 아니, 도움이 되겠지요. 제가 말씀드리는 것은 판매 생태계를 유지하지 않는 한 무슨 짓(?)을 해도 의미가 없다는 것입니다. 사상누각, 사후약방문, 소 잃고 외양간 고치기라고도 하지요.

성공의 진짜 이유

우선 한 가지 여쭤보겠습니다. 독자 여러분이 판매가의 18%를 받고 화장품을 수출하고 있는데, 어느 날 중국 회사가 찾아와서 25%를 제시하면 어떻게 하시겠습니까?

당연히 25%를 주겠다는 회사에 판매하신다고요?

좋습니다. 합리적인 판단입니다. 중국 이외의 나라에서는요.

제가 실제로 겪은 일을 중심으로 설명해 드리겠습니다.

중국에 화장품을 판매하는 A라는 회사가 있습니다. A사는 저를 통해서 중국의 총판에 18%의 공급가로 수출을 하고 있었습니다. 중국 총판은 분소상, 도매상, 소매상 등을 연결해서 공급망, 즉 판매 생태계를 구성했습니다. (분소상은 도매상들에게 상품을 공급해주는 역할을 주로 합니다.)

한동안은 순조롭게 판매가 이루어졌습니다. 대박까지는 아니었지만 꾸준히 매출이 발생했지요.

그러던 어느 날, 또 다른 중국 기업이 등장했습니다. 편의상 B사라고 할게요.

B사의 임원이 A사의 대표님에게 다음과 같이 말했습니다.

"판매가의 18%로 도매상에 팔고 계시죠? 그거 황대표가 중간에서 떼먹고 있는 거 아니에요? 우리는 판매가의 25%인 2천 500원에 사드릴게요. 한 100억어치 사드리면 되겠죠?"

그러면 일단 한국 사장님들은, "진짜로 그런가?"하고 저를 의심합니다. 실상은 저 공급망을 유지, 관리하는 대가 불과 1~2% 이하의 마진을 얻는데도 말입니다.

중국 시장에서 중간 판매상들, 즉 총판과 분소상, 도매상들과 소매상들은 각자의 위치에서 다양한 루트로 상품을 홍보하고, 소매상이나 소비자에게 물건을 공급하는 역할을 합니다. 판매상들이 많아질수록 최종 소비자가 상품을 접할 기회가 많아지겠죠?

앞에서 말씀드렸듯이 중국 소비자는 해당 제품을 판매하는 상점이 타오바오에 거의 없거나, 그 제품에 대해 이야기하는 사람이 - 판매상이든 소비자든 - 거의 없거나, 타오바오 검색 등으로 정보를 얻기 힘든 경우엔 잘 구입하지 않습니다. 믿을 만한 제품이라는 확신이 없으니까요.

따라서 중간판매상이 많다는 것은 단순히 노출이 많이 되는 것을 넘어서 제품 자체에 대한 신뢰를 주게 됩니다. 같은 효과를 위해서 광고를 집행하면 얼마나 많은 돈이 필요할까요? 경우에 따라 다르겠지만 수 억, 수십 억을 들여도 쉽지 않을 것입니다.

그러므로 각 단계별로 몇 %의 이윤(마진)을 떼어주더라도 저 공급망을 유지하는 것이 현명합니다. 미국 일본 한국은 몰라도 중국은 확실히 그렇습니다. 소비자도 많고 상품도 많고 판매처도 많고 매체도 많기 때문입니다. 구매력이 훨씬 떨어지는 인도를 제외하면 전세계에 이런 단일 시장은 없습니다.

한편, B사로부터 '거부할 수 없는 제안'을 받은 A사 대표님은 '이게 웬 떡이냐?'라고 하면서 B사에 25%로 제품을 넘기기 시작했습니다.

그 결과로 어떻게 되었을까요?

처음에는 좋았습니다. 중간 판매상에게 갈 '피같은' 이윤 7%를 제조사가 차지할 수 있게 되었으니까요.

제조업이나 유통업에서 7%는 어마어마한 차이입니다. 잘 나가는 상품이면 그 7%가 몇십 억, 몇백 억이 될 수도 있으니까요.

하지만 좋은 시절은 오래 가지 못했습니다. 매출이 곤두박질치기 시작했기 때문입니다. 이유는 간단합니다. 중간 판매상들이 판매에서 손을 떼는 바람에 공급망, 즉 '판매 생태계'가 무너졌기 때문입니다.

바이럴 마케팅을 통해 인지도와 매출을 유지하기 위해서는 상품을 푸쉬(PUSH)하는 중간 판매상들이 필수적인데, 그걸 유지하고 장려해도 모자랄 본사가 그걸 깨트려버리기 때문이지요. 유통 생태계를 스스로 파괴해버린 셈입니다.

저는 비슷한 경우를 여러 번 목격했습니다. 이런 일이 한두 번이 아니었다는 뜻입니다. 이 책의 첫 부분에서 보여드린 ^ 모양 주식차트들을 기억하시나요? 중국에 진출한 한국 소비재 기업들의 주가가 갑자기 꺾이는 공통적인 패턴이라고 말씀드렸죠?

그런 불가사의한(?) 현상이 일어나는 가장 큰 이유 중에 하나가 바로 이것입니다. 중간 유통망을 해체하고 직접 판매하는 것 말입니다.

중국 판매상들이 입소문을 내가면서 팔아준 덕분에(!) 영문도 모른 채 엄청난 매출을 올린 한국 기업들이, "나 이제 돈 많아. 그 돈으로 광고 마케팅을 예전보다 훨씬 많이 할 거야. 그리고 한국에서 쌓은 콘텐츠와 서비스 노하우도 많이 갖고 있지! 그러니까 이제부터는 내가 직접 핸들링할 거야."라고 호기롭게 나섰다가 망하는 케이스를 정말 너무나도 많이 보았습니다.

물론 가격을 제대로 관리하지 못해서 판매상들이 재고 소진 후에 추가 주문을 하지 않거나, 무분별하게 거래처를 늘리는 것도 또다른 중요한 이유입니다. 그밖에도 여러 가지 이유들이 있고요.

그러나 위에서 말씀드린 것이 가장 큰 이유입니다. 조금만 성공해도 중국 판매상들을 배제하는 것! 그것은 지혜로운 것도, 효율적인 것도 아닙니다. 그냥 소탐대실하다가 망해버리는 '한국 기업들의 뻔한 패턴'에 불과합니다. 제가 오랫동안 관심을 가지고 지켜봐 왔지만, 이런 기업들은 대부분 결말이 좋지 못했습니다. 빨리 망하느냐, 천천히 망하느냐 하는 속도의 차이 정도라고 할까요?

예를 하나 들어보겠습니다. 앞에서 일본 가전 메이커 조지루시(象印マホービ)가 만든 코끼리밥솥에 대해 말씀드린 바 있습니다.

위에서 말씀드린 한국 기업들의 행태를 조지루시의 코끼리 밥통에 대입해 볼까요? 30여년 전, "코끼리밥솥 이거 일제야 일제! 밥맛이 다르다니까~! 호호호!"하고 입소문을 내면서 열심히 팔아줬던 한국 보따리장수들을 조지루시가 다 내치고, "이제부턴 우리가 판다!"라고 선언한 것과 같다고 할 수 있습니다. (물론 조지루시가 실제로 그렇게 했다는 건 아닙니다. 예를 들면 그렇다는 말씀입니다.)

어떻게 느껴지시나요? 제가 조지루시 사장이었다면 완전히 반대로 했을 겁니다. 보따리장수들을 불러모아서 더 후한 이윤을 약속하면서 이렇게 말했을 겁니다. "지금처럼 조선 팔도 방방곡곡을 다니시면서 우리 코끼리밥솥을 더 많이 홍보하고 팔아 주세요. 여러분이 코끼리밥솥을 팔기 쉽도록 원산지 증명서나 통관서류 작성도 도와드리겠습니다."

그뿐만이 아닙니다. "이 제품이 이번에 새로 나온 호랑이밥솥입니다. 이 호랑이밥솥은 코끼리밥솥과 차별화된 이런 특징들이 있습니다. 이 제품은 저희가 자신있게 내놓은 신제품이지만 아무래도 코끼리밥솥만큼 인지도는 없기 때문에, 판매 이윤을 코끼리밥솥보다 3% 더 드리겠습니다."

자, 호랑이밥솥과 코끼리밥솥은 한국 시장에서 그 이후에도 잘 팔렸을까요? 그랬을 가능성이 큽니다. 보따리상들이 자발적으로 전국을 돌면서 입소문을 냈을 테니까요. 구매력이 있는 주부라면 '기왕이면 코끼리밥솥이나 호랑이밥솥은 사고 싶다.'라고 생각하지 않았을까요?

여기서 멈추지 말고 한 걸음만 더 나가볼까요?

"한국 주부들이 저희 조지루시의 코끼리밥솥에 대해 뭐라고 하던가요? 뭐가 좋고 뭐가 불편하다고 하던가요? 네, 알겠습니다. 다음 달에 나오는 제품부터는 반드시 개선하겠습니다."

"앞으로 어떤 밥솥이 인기가 있을까요? 아~ 오래 보온 상태에 두어도 밥맛이 유지되면 좋겠다고요? 기술팀에 연구개발을 지시하겠습니다. 네? 전기압력밥솥이 있었으면 좋겠다고요? 그거 좋은 아이디어군요!"
(실제로 압력밥솥은 한국 기업들에 의해 개발되었습니다.)

조지루시는 위와 같이 하지 않았습니다. 그래서일까요? 조지루시는 아직 밥솥을 만들고는 있지만 감히(?) 한국에 밥솥을 수출하진 못하고 있습니다. 만약 조지루시가 제 말대로 했으면 어땠을까요? 적어도 손해날 일은 없지 않았을까요?

만약 조지루시가 앞에서 말씀드린 한국 기업들처럼 경영했다면 어떻게 되었을까요? 한국 보따리장수들을 전부 내치고, 이윤과 판매량을 보장해주겠다고 하는 유통 대기업과만 거래했다면요.

아마 십중팔구는 전자보다 매출이 좋지 않았을 겁니다. 한국에서 번 돈으로 TV 광고를 열심히 했다 하더라도 말이죠. 내 제품처럼 열성적으로 입소문을 내고 팔러 다니는 수많은 사람들이 갑자기 사라졌는데, 광고를 한다고 해서 매출이 그대로 유지된다고 생각하는 것 자체가 너무나도 나이브한 발상입니다.

2010년대 이후에 한국 기업들이 중국에서 바로 그렇게 했습니다. 한국 화장품과 코스메틱 용품을 판매하던 보따리장수들과 판매상들을, 그들이 구축한 유통생태계를 필사적으로 없애버린 것이지요.

알고 한 경우도 있고 모르고 그렇게 한 경우도 많습니다. 중요한 것은, 한국보다 훨씬 땅덩이가 크고 사람도 많고 매체도 많은 중국에서 그렇게 했다는 것입니다. 그래서 한국보다 매출 감소 속도가 훨씬 빠르고 가파를 수밖에 없었습니다. 전국민이 2, 3일만에 비슷한 이슈와 생각을 순식간에 공유할 정도로 좁고 밀집되어 있는 한국처럼 생각했기 때문이지요.

제품과 브랜드의 수가 적었을 때는 그나마 괜찮았습니다. 그러나 이제는 굳이 한국 제품이 아니더라도 팔아서 돈이 될 상품들이 넘쳐나고 있습니다. 프랑스 회사, 일본 회사, 중국 회사들이 제발 우리 제품 좀 팔아달라고, 우리 제품을 위한 유통 생태계를 만들어 달라고 하면서 찾아오기 때문입니다.

여러 차례 말씀드렸지만 중국 판매상들을 예전의 보따리장수들로 생각하면 큰 착각입니다. 매출이나 규모도 크고 취급하는 상품의 가짓수도 엄청나게 많습니다. 그래서 수많은 글로벌 기업들과 중국 기업들이 어떻게든 그들과 함께 판매망 - 즉 유통 생태계를 구축하기 위해 혈안이 되어 있습니다. 그래서 샘플을 넉넉히 보내주거나 좋은 조건을 제시하는 것은 당연하게 생각합니다.

그런데도 대한민국 기업들은 아직도 과거의 달콤한 꿈에 젖어 있는 것 같습니다. 가만히 있어도 판매상들이 찾아와서 제발 물건 좀 달라고 굽실거리던 시절, 그 시절의 미몽(迷夢)에서 벗어나지 못하고 있는 셈입니다.

다시 묻겠습니다. 당신은 판매가의 18%를 받고 중국에 화장품을 수출하고 있습니다. 만약 또 다른 중국 회사에서 25%를 제시하면 어떻게 하시겠습니까?

인간은 어리석고 같은 실수를 반복한다

어떤 한국 기업들은 중국 마케팅과 상품 유통도 총판과 대행사에 맡겨두고 거의 터치하지 않습니다. "나는 중국 시장을 잘 모르니 잘 아는 사람들이 알아서 열심히 뛰어달라."고 하시면서요.

하지만 그런 기업들은 소수입니다. 대부분의 한국 기업은 - 정확히 말하면 그 기업의 경영진과 오너들이지만 - 중국 시장에 대해 커다란 열정과 포부를 가진 경우가 훨씬 더 많습니다.

이런 기업들은 중국 마케팅과 판매현황을 꼼꼼히 챙기면서 적극적으로 의견과 방향을 제시합니다.

여기까지는 아주 좋습니다. 문제는 넘어서는 안될 '선'을 넘는 경우입니다.

기존에 구축되어 있던 총판들과 보따리상들, 혹은 타오바오 채널이나 판매점들을 굳이 없애가면서 유통망을 단순화하고, 상하이 등에 지사를 세우며, 임직원을 늘리는 것입니다.

한국 기업의 경영진이나 오너들 중에는 이상할 정도로 '해외지사'에 집착하시는 분들이 많습니다. "우리 회사는 세계 곳곳에 이렇게 많은 지사를 둔 글로벌 기업이다!"라고 어필하고 싶으신 걸까요?

실제로 한국 코스메틱 업계의 최상위권에 있던 한두 회사를 제외하면, 중국에 미리 진출했던 회사보다 오히려 방치(?)했던 회사가 더 크게 성공했습니다. 자신만만하게 중국에 지사를 내고 꼼꼼하게 관리하며 열심히 뛰었던 회사들은 오히려 선택받지 못했고, 중국이 인도 위에 있는지 밑에 있는지도 몰랐던 기업들이 오히려 승승장구한 것입니다.

저는 이것이 무척 아이러니하다고 생각했습니다. 선견지명을 가지고 중국에 진출하신 기업 오너와 경영진, 그리고 최일선에서 열심히 뛴 직원들은 얼마나 허탈하셨을까요? 물론 신경도 안 쓰고 있다가 돈벼락을 맞은 기업들은 행복하시겠지만요.

여기까지는 좋습니다. 실패나 시행착오는 누구나 할 수 있는 거니까요. 하지만 문제는 비슷한 현상이 자꾸만 반복된다는 점이었습니다. 심지어 같은 회사가 똑 같은 잘못을 반복하는 경우도 부지기수였습니다.

저는 10여 년간 그 모습을 보면서 많은 생각을 해왔습니다. 그 생각을 정리한 것이 바로 이 책이고요. 저는 이 책의 독자 여러분이 '타오바오를 중심으로 중국 시장에 겸허하게 접근하고, (특별한 이유가 없는 한) 중국지사를 세워서 판매상들을 한국식으로 '관리'하려고 하는 대신에 존중과 소통에 기반한 건전한 판매 생태계를 이룩하시기를' 진심으로 바랍니다.

하지만 아직은 그렇지 않은 기업들이 더 많은 것 같습니다. '너무나 한국적인 마인드, 그것도 젊은 마인드가 아닌 꼰대 마인드에서 나온 기상천외한 마케팅 기법(?)'이 실행되는 경우가 너무 많습니다. 그걸 보고 있으면, "아니 어떻게 저런 생각을 다 하셨지? 참으로 창의적인 분들이구나."라는 생각이 들기까지 합니다.. 물론 나쁜 의미에서 창의적이라는 뜻이지요. 중국 전문가를 자처하는 분들조차 상당수가 그렇습니다.

여기에는 여러 가지 이유가 있겠지만, 실무자들이 기업의 오너나 경영자와 활발하게 커뮤니케이션하지 못하는 한국 특유의 수직적인 기업문화가 가장 큰 문제라고 생각합니다.

기업 내부에서조차 소통이 안 되는데, 기업 외부, 그것도 외국 사람들과 어떻게 원활하게 소통이 되겠습니까?

차라리 그냥 내버려두라

실력 있는 대행사, 믿을 수 있는 판매상에게 중국 유통을 맡긴 한국 기업들! 그분들은 사드와 한한령 속에서도 매출이 많이 하락하지 않았습니다.

하지만 중국 비즈니스를 중국이 아닌 한국적인 마인드로 접근한 후자의 기업들은 실적이 좋지 않았습니다. 중국 시장 철수를 고민해야 할 정도로 매출이 급전직하한 회사들도 적지 않았습니다.

저는 사실 처음부터 그 결과를 예상했습니다. 한국의 제조사가 중국 총판이나 판매상을 '관리'해서 좋은 결과가 나온 적이 많지 않았기 때문입니다.

한국 회사는 관리한다고 생각하지만 중국 판매상들은 잘 알지도 못하면서 간섭한다고 생각했습니다. 중국 시장에 대해서는 중국 판매상들이 훨씬 잘 아니까 틀린 말도 아니었습니다.

한국의 제조사는 제조사대로 불만을 가지게 됩니다. 한국에 있는 거래처나 대리점, 유통업체들한테 해왔던 것보다 훨씬 더 잘 대해주고, 공을 들여 세심하게 관리했다고 믿습니다. 거대한 중국 시장에 진출하기 위해 양보해준 게 한두 가지가 아니라고 생각합니다. "그런데도 중국 애들은 고마워하기는커녕 불만만 많다!"라고 생각하는 분들도 드물지 않았습니다.

한국은 한국대로, 중국은 중국대로, 쌓여가는 오해와 불협화음을 해결할 방법이 없을까요?

물론 있습니다. 적정한 거리를 유지하면 됩니다.

저는 이것을 '중년 아빠와 사춘기 딸'에 비유하곤 합니다. 아빠는 딸이 너무 좋습니다. 딸이 학교에서 무엇을 하는지, 어떤 친구와 무얼 하고 노는지, 방에서 뭘 하는지 너무 궁금합니다. 그래서 딸 옆에 붙어서 치댑니다. 미주알고주알 질문을 늘어놓습니다. 휴대폰 메시지와 카톡도 보여달라고 합니다.

참다 못한 딸이 짜증을 내면 마음에 상처를 받습니다. 아빠가 친해지고 싶어서 그런다는 거, 딸도 압니다. 하지만 딸은 너무 싫을 수밖에 없습니다. 딸은 슬리퍼 끌고 집앞 분식집에 가서 외국 바이어를 만납니다. 거기서 떡볶이를 먹으며 수십억, 수백억짜리 계약을 체결하기도 합니다. 산업역군이었던 아빠는 그런 딸이 이해가 되지 않습니다. 하지만 딸은 아빠가 고루한 꼰대라고 생각합니다.

'아빠'는 물론 한국 기업의 오너 또는 경영자입니다. 한국 경영자들은 모든 걸 다 알고 싶어하고 모든 일을 '관리'하에 놓고 싶어합니다. 일거수일투족을 파악해고 매니징해야 안심이 됩니다.

한국에서는 그게 가능합니다. 한국 직원들은 상명하복 문화와 관료주의에 익숙하기 때문입니다. 하지만 상당수 중국 기업가들은 그렇지 않습니다. 특히 화장품, 코스메틱, 소비재와 관련된 업종에는 2~30대의 젊은 대표들도 많습니다. 한국보다 창업이 훨씬 활발하고 집안에 돈이 있는 청년들도 많기 때문입니다. 여기서 '돈이 있다'라는 것은 한국 중산층을 아득히 뛰어넘는 수준을 뜻합니다.

이런 젊은 사장들은 한국 기업 특유의 권위주의와 상명하복 문화가 마음에 들지 않습니다. 왜 그래야 하는지도 이해하지 못합니다. 결과나 성과를 내기 위한 일이 아니라 일을 위한 일을 한다고 생각하고 답답해합니다.

딸이 누구를 만나서 무엇을 먹고 뭘 했는지 일일이 체크하고, 성적이나 동선을 다 확인하려고 하면 아무리 의도가 좋아도 짜증이 나게 되어 있습니다. 나를 못 믿는 건가?라고 생각하게 되고요.

마침내 "이런 취급(?)을 당하면서 굳이 한국 물건을 팔아야 하나?"로 귀결됩니다. 이제는 글로벌 기업들과 알짜배기 중국 업체들이 수많은 제품과 브랜드를 쏟아내는 시대니까요.

감독이 아니라 서포터가 되자

축구 경기에는 감독과 서포터가 모두 필요합니다. 모두가 감독이 되고 싶어하지만 감독은 결과를 보여줘야 합니다. 성적이 몇 달만 하락해도, 몇 경기만 연패해도 가차없이 경질되는 것이 감독입니다. 더 나은 결과를 위해서는 어쩔 수 없는 일이겠지요?

그러므로 만약 여러분이 몇 번의 감독직 수행에 실패했다면, 나보다 더 승률이 높은 감독이 있다면 서포터를 하는 게 맞습니다. 서포터(Supporter)는 팀을 응원하고 도와주는 관객을 뜻합니다. 우리나라의 붉은 악마, 중국의 치우미(球迷)가 대표적이지요.

감독이 없는 팀은 있어도 서포터가 없는 팀은 없습니다. 팬이나 관객이 없는 팀은 존재의 이유조차 없어지기 때문입니다. 그게 프로스포츠니까요.

중국 비즈니스도 마찬가지입니다. 중국 사업과 판매는 중국을 가장 잘 아는 사람들, 나보다 중국 시장 승률이 좋은 사람들에게 맡기는 게 맞습니다. 대표적으로 중국 판매상들이 되겠네요. 이와 같이 '내 상품'을 팔아주는 '선수(Player)'들에 대한 '팬심(Fan心)'으로 대하면 모두가 해피해질 수 있습니다.

물론 유능한 대행사를 통해서 기본적인 컨트롤은 해야겠지요. 마냥 손을 놓고 있으라는 뜻은 아니지만 구체적인 사안들까지 일일이 챙기는 것은 역효과를 낳을 가능성이 더 큽니다.

핵심은 중국 판매상들이 '많이 팔수록 많이 가져갈 수 있는' 구조를 만들어주는 것입니다. 그렇게만 해주면 세부적인 문제들은 그들 스스로가 고민하고 발로 뛰면서 해결해나갈 테니까요.

판매상으로 하여금 '어떻게 하면 내가 이 한국 제품을 팔아서 돈을 많이 벌 수 있을까?'에 집중하게 하고, '판매상들이 돈을 많이 벌게 해주려면 어떻게 해줘야 할까?'에 집중하는 것이 최선입니다.

그리고 나서 그들이 무엇을 원하는지 경청하고 '서포트' 해주는 게 진짜 지혜로운 컨트롤 방식입니다. 옛말에 "요순임금이 다스리던 태평성대에는 백성들이 임금의 이름조차 몰랐다."라고 한 것과 같습니다.

판매상들이 내 제품을 많이 팔았다는 것은 곧 내가 내 제품을 많이 팔았다는 뜻이고, 판매상이 돈을 많이 번다는 것은 곧 내가 돈을 많이 벌었다는 말과 같기 때문입니다.

이런 마인드라면 판매상들은 알아서 최대의 매출을 올리기 위해 노력할 것입니다. 그런 판매상들이 많아질수록 내 매출도 몇 배, 몇십 배로 늘어나겠지요?

콘텐츠, 제작보다 유통이 더 중요하다

한국은 콘텐츠를 중요하게 생각합니다. 그러나 중국은 콘텐츠 그 자체보다 2차 바이럴을 더 중요하게 생각합니다. 제품 홍보 콘텐츠를 기획하는 초기단계부터 유통 방식까지 계획해야 한다는 뜻입니다.

중국은 인구도 많지만 매체도 많고, 자연히 콘텐츠의 양도 많기 때문입니다. 따라서 여러 명이 지속적으로 '작업'하지 않으면 콘텐츠가 충분히 확산되지 않습니다. 게다가 TV광고 등의 단가도 한국보다 높은 편입니다.

콘텐츠를 아무리 잘 만들어도 조회수가 나오지 않는다면, 즉 사람들이 많이 보지 않는다면 아무 의미 없겠죠? 물론 한국에서도 바이럴이 잘 될 수 있게 다양한 수단을 강구합니다. 대표적으로 검색엔진최적화(SEO), 블로거나 유튜버를 통한 배포 등이 있지요.

하지만, 중국은 특히 이 부분을 더 중요하게 생각합니다. 워낙 인구가 많다 보니 생산되는 콘텐츠의 양이 어마어마하기 때문입니다. 그래서 한국처럼 '콘텐츠가 좋으면 알아서 퍼지겠지.'라고 생각하지 않습니다.

연예인이 등장하는 상품 관련 기사든, 드라마 PPL 관련 기사든, 상품 효과에 대한 미담 기사든 간에 누군가가 계속해서 콘텐츠를 업로드하고, 퍼날라줘야 합니다. 인구도 많고 기업도 많고 콘텐츠도 많기 때문에 그걸 끊임없이 해줘야 합니다. 그렇게 하지 않으면 묻힙니다.

중국 기업은 물론이고 글로벌 기업들도 이 사실을 잘 알고 있습니다. 한국 기업은 대체로 이 부분을 잘 모르다 보니, "A급 한류스타가 등장하는 이렇게 좋은 콘텐츠인데 왜 바이럴이 잘 안 되죠? 아니, 폭발적인 바이럴은 안 바라도 최소한 핵심 타겟층에게는 좀 더 알려졌으면 좋겠어요."라고 하소연하는 경우가 많습니다. 작은 기업의 경우 "중국은 원래 땅덩어리도 크고 인구도 많다 보니 어쩔 수 없어."라고 체념하시는 경우도 있고요.

그러나 지금 이 순간에도 자신의 콘텐츠를 소비자들에게 효과적으로 알리는 기업들이 존재합니다. 중국 기업이 아니더라도 얼마든지요.

핵심은 판매상들과 왕홍들이 콘텐츠를 지속적으로 활용하고, 홍보하며, 퍼나를 수 있게 해주는 것입니다. 예를 들어서 판매자들이 판매자 대상 또는 소비자 대상의 위챗에 계속해서 올릴 수 있게 해줘야 합니다. 그래야 소비자들에게 인지도와 믿음이 생길 테니까요.

정성껏 만든 상품 홍보 콘텐츠의 효과를 극대화하기 위해서는 커다란 코끼리가 아니라 수많은 꿀벌들이 필요합니다. 꿀벌들이 춤을 춰서 꿀이 있는 곳을 알려주듯이, 개미들이 입에서 입으로 영양분을 옮기듯이, 그렇게 홍보하고 판매해줄 사람들을 늘려야 합니다.

제가 도움을 드리고 있는 모 기업의 경우도 여러 명의 중국 판매상들이 1주일에 몇 번씩 위챗에 콘텐츠를 올리도록 세팅해 두었습니다. 이를 위해서 해당 기업의 마케팅 부서와 협력해서 다양한 콘텐츠를 만들어서 꾸준히 제공하고 있지요.

예전에는 이런 것(?)을 안해도 우리 제품이 얼마든지 잘 팔렸다고 답답해하시는 경우도 많습니다. 그러나 말씀드린 것처럼 중국은 변했습니다. '가만히 있어도 앞다투어 찾아와서 물건을 받아가서 알아서 팔아주는' 시대는 끝난 지 오래입니다.

꽌시가 아니라 관계다

제 위챗에는 지금 이 순간에도 다양한 상품 정보가 올라오고 있습니다. 저와 친구로 맺어져 있는 수많은 왕홍과 판매상들이 자신이 판매하는 상품 정보를 업데이트하기 때문입니다. 물론 저 역시도 이곳에 여러 가지 한국 상품 콘텐츠를 올리고 있습니다.

그래서 저는 위챗을 통해 정보도 얻고, 시장조사도 하고, 영업도 할 수 있습니다. 일반 소비자들도 마찬가지입니다. 소비자들은 자신이 믿을 수 있는 판매자가 보내주는 정보와 소식을 기꺼이 수신합니다. 믿을 수 없는 판매자, 알지 못하는 상인으로부터 온 메시지는 스팸일 뿐입니다. 하지만 내가 믿을 수 있고, (사보니까) 나에게 만족을 주었고, CS를 잘 해주었던 판매자로부터 오는 콘텐츠는 유용한 정보이자 콘텐츠입니다. 굳이 비유하자면 우리나라의 카카오스토리와 비슷하다고 할 수 있겠네요.

쉽게 말해서 중국 소비자들이 마음을 연다는 뜻입니다. 마음을 열지 않은 상태에서 하는 '마케팅', 즉 광고, 홍보, 바이럴 등은 중국 소비자의 마음에 울림을 일으키기 어렵습니다. 똑같은 정보도 누가 이야기하느냐에 따라서 효과가 달라집니다.

신뢰는 관계의 뿌리이고 관계는 신뢰의 꽃입니다. 관계는 신뢰의 충분조건이고 신뢰는 관계의 필요조건입니다. 꽌시를 한국말 그대로 '관계'라고 생각하면 이와 같이 모든 게 단순명쾌해집니다. 그렇지 않고 '안 되는 일도 되게 해주는' 요술방망이처럼 생각하니까 본질을 놓치는 것입니다. 물론 성질 급한 한국 사람들에게 그런 환상(?)을 심어준 책임은 중국 사람들에게도 있겠지만요.

여담이지만 일본 무역을 하시는 분들 말씀을 들어 보면 이런 점만큼은 중국이 한국보다 일본과 비슷한 것 같습니다. 일본에서는 믿을 수 있는 사람의 '소개'가 없으면 무슨 일이든 진행하기 어렵다고 할 정도니까요. 제 생각에는 이런 면에서는 동북아 3국 중에서 한국이 가장 개방적이고, 서구식 마인드에 가까운 것 같습니다.

땅이 크고 인구가 넓은 중국에서는 믿을 수 있는 사람들하고만 일해도 충분했고, 가진 게 많고 보수적인 일본은 가진 걸 잃지 않는 것에 주력했으며, 맨주먹에서 일어서야 했던 한국은 살아남기 위해 진취적이고 개방적이어야 했던 게 아닐까요?

내 제품을 팔고 홍보해줄 사람을 늘려라

이와 같이 판매상들이 홍보도 해주고, 상품도 판매해주고, CS도 해줍니다. 그것도 아주 열심히요. 열심히 하는 것은 기본이고 더 잘 하기 위해서 애를 씁니다. 잘 해야만 자신의 수익이 늘어나니까요. 이상적인 윈-윈(Win-Win) 관계라고 할 수 있습니다.

따라서 상인들이 팔고 싶게 만드는 것이 중요합니다 역할 분담을 명확히 하고 권한과 책임을 부여해야 합니다. 믿을 수 있는 판매상인지 조사하고 검증했으면 믿어줘야 합니다. 한국 '본사'가 '대리점'을 '관리'하듯이 하면 곤란합니다.

중국 판매상들은 "만드는 건 너희지만 파는 건 우리야."라고 생각합니다. 만드는 쪽이 우월하지도 않고 판매상들이 열등하지도 않습니다. 그저 역할이 다른 것뿐입니다. 물건이 없으면 팔 수 없고, 팔지 못하면 만드는 의미가 없으니까요.

한국에서는 본사가 다 하려고 하는 경우가 많습니다. 내가 팔고, 홍보하고, 이벤트하고, 마케팅하고, 고객관리까지 다 하려고 합니다. 그래서 한국에서는 제조업체의 입김이 강합니다. 물론 유통업체의 영향력이 더 큰 경우도 많지만 적어도 홍보와 마케팅을 비롯한 판매촉진(Merchandising) 활동을 공동으로 하지는 않습니다.

즉 판매자는 그냥 물건을 받아서 파는 도·소매상, 또는 대리점 정도의 역할만 하는 경우가 대부분이지요. 제조업체가 유통망을 소유하거나 장악한 경우도 많습니다. 이 경우엔 제조업체가 갑, 유통업체가 을이 됩니다. 잊을만하면 불거지는 '본사 갑질 문제'도 이로 인해 발생하고요.

그러나 중국은 - 물론 업종에 따라 다르겠지만 - 대체로 판매상의 역할이 한국보다 더 중요합니다. 내 물건이나 브랜드를 자발적으로 홍보하고 판매하는 사람을 얼마나 많이 확보하느냐에 따라 판매량이 달라지기 때문입니다.

그래서 한국 오너들과 중국 오너들을 비교해 보면, 한국 오너들은 어떻게 하면 소비자들을 만족시킬 수 있을지를 생각하지만, 중국 오너들은 판매자들이 어떻게 즐겁게, 적극적으로 판매할 수 있을지도 함께 고민합니다.

이러한 조그만 사고방식의 차이가 결과에 큰 차이를 만들어 냅니다.

판매상의 입장에서 생각하라

그래서 저도 신제품을 런칭하거나 한국 기업들의 신제품 런칭을 대행할 때마다 판매상들에게 먼저 물어봅니다. 이거 잘 될 것 같아? 어떨 것 같아? 그러면 판매상들이 대답을 해 줍니다. 그거 무거워서 택배가 힘들 것 같은데? 잘 될 것 같은데? 잘 안 될 것 같은데?

반대로 판매상들도 끊임없이 질문을 해옵니다. 이거 어떻게 팔아야 해? 이거 광고 어디서 해? 이거 성분 중에서 이거랑 저거 뭐야? 이거 연령대가 어떻게 돼? 반품 들어오면 어떻게 해야 돼? 등등… 그런 밀접한 커뮤니케이션 과정이 없으면 안 됩니다. 왜냐하면 판매상들도 소비자들과, 그리고 하위의 판매자들과 끊임없이 소통을 하고 있으니까요.

중국 소비자는 판매자에게 적극적으로 질문을 하거나 가격을 흥정하는 데 익숙합니다. 우리나라처럼 정찰제가 철저하게 지켜지지 않는 것도 있지만, 그러한 흥정의 과정 자체를 즐기기 때문이기도 합니다.

예를 들어 "두 개 살 테니까 택배비는 없는 걸로 해줘."라든지, 덤을 끼워달라든지, 샘플을 달라든지 등의 다양한 질문과 요구를 합니다. 그래서 한국의 온라인 쇼핑몰과 다르게 중국에서는 한밤중까지 고객의 채팅 상담을 받아주는 것이 당연시되고 있습니다. 이들 CS(Customer Service) 직원들의 친절도와 역량에 따라서 판매량이 천차만별로 달라질 정도입니다.

아직도 중국에서는 판매상이 물건값의 두 배를 부르고, 소비자가 그걸 절반으로 깎고, 판매상이 다시 가격을 제시하고, 소비자가 다시 가격을 제시하는 과정, 즉 "홍정"이 일반적이기 때문입니다.

물론 다 그렇다는 것은 아니지만 그런 과정 역시 상품 구매의 일부로 생각한다는 점이 중요합니다. 이때 얼마나 융통성을 발휘하는지, 얼마나 소비자를 만족시켜 주는지에 따라 '비가격적 경쟁력'이라는 것이 생깁니다. 한국 소비자도 마찬가지지만 중국 소비자들이 훨씬 더 민감합니다.

왜냐하면 한국에서는 큰 온라인 쇼핑몰에서 '짝퉁'이나 '비품'을 구입할 위험이 비교적 적고, 그런 경우가 생겨도 쇼핑몰과 같은 플랫폼이 강력하게 개입하지만, 타오바오를 비롯한 중국 플랫폼들은 그렇지 않기 때문입니다. 물론 별점제도나 벌점제도가 있긴 하지만 한국보다는 간접적입니다. 수천 수만 개의 상점들을 플랫폼이 일일이 관리할 수도 없고요.

이러한 특성이 중국 시장 특유의 '신뢰의 문제'와 결합됨으로써, 한국 기업의 오너들이 생각하지 못하는 '중국 소비자만의 특징', 즉 소비 습관을 만들어내는 것입니다.

그러므로 한국 기업들도 중국 판매상들과의 커뮤니케이션을 확대해야 합니다. 그냥 물건만 보내주고 끝! 이라는 시대는 이미 지났습니다. 화장품, 패션, 식음료 등과 같이 경쟁이 치열한 소비재일수록 더욱 그렇습니다.

그들의 문제와 요구를 들어주고 거기에 맞춰서 대응해주어야 합니다. 그래야 꾸준히 매출을 올릴 수 있습니다. 이제 그런 것까지 해줘야 하느냐? 라고 생각하는 분이 계신다면, 그들이 판매상이 아니라 소비자라고

생각해보면 어떨까요?

똑같은 일을 중국 기업들과 중국에 진출한 글로벌 기업들은 당연하게 하고 있다는 것도 잊어서는 안 되겠죠.

어쨌든 더 이상은 '샘플이나 제품을 좀 달라고 찾아와서 굽실거리는' 상인도 없고, 아무런 후속 조치를 취해주지 않아도 알아서 '팔아주는' 시대도 지났다는 것을 깨닫고 인정해야 합니다.

이러한 사고의 전환 없이 단순히 온라인 마케팅을 전개하니까 매출이 늘지 않는 것입니다.

단기적인 효과에 집착하지 마라

한국에서는 돈만 주면 블로그마케팅이든 뭐든 진행할 수 있습니다. 그러나 중국에서는 인플루언서(왕홍)나 판매상들에게 판매 그 자체를 통한 수익이 담보되지 않으면 하지 않으려고 합니다. 즉 자신들이 스스로 그 제품을 판매해서 수익을 얻든지, 판매를 통한 수익셰어를 받지 않으면 잘 안 하려고 합니다.

물론 홍보 비용을 일시불로 받고 진행해주는 왕홍들도 있습니다. 하지만 그런 방식으로 진행하는 것은 효율이 떨어집니다. 수천만 원을 들여서 섭외해서 진행하더라도 단발성 이벤트로 끝나는 경우가 대부분이기 때문입니다.

특히 KPI나 매출목표의 압박이 과도할 경우 단기적인 효과에만 집착할 수 있습니다. 장기적인 관점에서 이벤트나 프로모션을 계획하거나 집행하는 게 아니라 반짝 지표 향상만 바라보는 것입니다. 심지어는 장기적으로는 오히려 마이너가 되는 이벤트를 강행하기도 합니다.

똑같은 이벤트를 해도 결과와 효과는 크게 달라질 수 있습니다. 장기적인 효과를 내기 위해서는 이벤트 전후에 준비해야 할 것도 많습니다. 실무자가 진행하는 프로모션이 면피를 위한 껍데기 이벤트인지, 알짜 마케팅인지 구분해야 합니다. 해당 기업의 오너나 경영자의 혜안도 중요하지만 실무자의 자기성찰도 꼭 필요합니다. 왕홍 및 판매상과의 활발한 의견교환은 기본이고요.

왕홍이 상품을 판매하는 판매상을 겸하는 경우는 이러한 위험이 다소 줄어듭니다. 그들 스스로가 자기 나름의 생태계를 구축해서 판매하기 때문입니다. 좋은 왕홍의 경우 제품 관련 콘텐츠가 수백, 수천 갈래로 퍼져나갈 수 있습니다. 그들은 광활한 중국 대륙에서는 '혼자서는 상품을 판매할 수 없다!'라는 사실을 너무나도 잘 알고 있기 때문입니다.

생태계, 즉 판매망과 판매 구조를 구축해야 너도나도 제품을 홍보하고 판매해줍니다. 제가 이 책에서 중국 판매상과의 파트너십, 상생공존을 외치는 이유가 바로 여기에 있습니다.

중국 최대의 화장품 도매시장으로 새롭게 떠오르고 있는 심천의 밍통시장. 위와 같은 점포들이 상가 내에 빼곡하게 입점해 있다.

2장 타오바오가 답이다

> 인간은 섬이 아니다. 모두가 거대한 대륙의 일부이다.
> No man is an island; every man is a piece of the continent.
> -John Donne

중국 소비자는 이렇게 구매한다

한국에서 새로운 상품을 런칭했다고 했을 때 필수적으로 해야 하는 것이 네이버에 등록하는 것입니다. 사람들이 상품을 검색했을 때 나오게 해야 하니까요. 네이버로 검색했을 때 제대로된 콘텐츠가 나와야 합니다. 네이버에 검색했는데 아무 것도 나오지 않는다? 이건 뭔가 좀 이상한 일입니다. 적어도 한국 소비자는 그렇게 생각합니다.

이건 한국 사람이라면 다 아는 이야기지요? 최근에 구글의 검색 점유율이 높아지는 추세지만 아직은 네이버가 대세입니다. 특히 쇼핑이나 제품 검색은 네이버가 독보적입니다. 네이버스토어와 같은 쇼핑 플랫폼과 서비스를 제공하기 때문입니다.

현실적으로 네이버 검색을 했는데 아무 것도 안 뜨는 경우는 거의 없습니다. 하다못해 동네 식당도 블로그마케팅을 하는 시대입니다. 실제로는 네이버 검색 결과도 좋아야 합니다. 기업친화적이고 판매에 도움이 되어야 한다는 뜻입니다. 그러니까 각종 온라인 마케팅 대행사에 비용을 지불해서 SEO(검색엔진최적화) 등을 진행하는 것입니다.

중국도 마찬가지입니다. 중국 사람들이 어떤 상품을 알게 되어서 검색하거나(예:설화수), 사고 싶은 상품의 카테고리를 검색하거나(예:립스틱) 할 때 우리 상품이 나와야 합니다. 상품의 카테고리를 검색할 때 우리 상품이 가장 먼저 나오면 금상첨화겠지만, 최소한 우리 제품 이름을 검색했을 때 우리가 만든 제대로된 콘텐츠와 정보가 뜨도록 만들어줘야 합니다.

어디에서? 타오바오에서!

한국 사람들이 상품이나 지식을 검색할 때 네이버를 가장 많이 이용하듯이, 중국 네티즌은 상품을 검색하거나 구매할 때 타오바오부터 사용하는 것이 상식입니다.

타오바오는 중국 전자상거래의 70% 이상을 차지하고 있는 '대세' 플랫폼입니다. 타오바오에서 성공적으로 판매되는 것이 히트상품의 기본 조건입니다. 네이버 검색 결과가 없는 상품을 한국 소비자가 이상하게 생각하듯이, 타오바오에 나오지 않는 상품은 중국 소비자가 뭔가 잘못되었다고 생각하게 만듭니다. 게다가 중국 소비자가 대체로 더 의심이 많습니다.

한국에서 SEO를 하는 것과 마찬가지로 타오바오에서도 검색 결과를 관리해야 합니다. 검색 순위와 상위 랭킹 작업도 중요합니다. 타오바오에서 검색되는 것은 너무나 당연한 일이고 이와 같은 작업을 해주는 것은 기본 중에 기본입니다.

하지만 수많은 한국 기업이 타오바오의 위력(?)을 과소평가하는 것 같습니다. 고비용 저효율 플랫폼이라고 생각해서 철수하는 경우도 많이 봤습니다. 하지만 한국에서 네이버가 다른 모든 플랫폼을 합친 것보다 더 크고 강력한 것처럼, 중국에서는 타오바오가 다른 모든 플랫폼을 합친 것보다 훨씬 더 막강합니다.

타오바오는 선택이 아니라 필수입니다. 타오바오가 부실한 제품은 기초공사가 안된 집과 같이 사상누각입니다. 타오바오는 중국 판매의 처음과 끝입니다. 돈이 많이 든다? 비효율적이다? 관리가 어렵다? 그래도 어쩝니까? 기본 중의 기본, 필수요소인걸요.

필수 : 타오바오

기본 : 틱톡 샤오홍슈 콰이쇼우

추가 : 위챗 등

중국 판매나 마케팅은 위와 같은 순서로 진행하는 게 순리입니다. 타오바오에 모든 것을 쏟아붓고 나서 여력이 있으면 그 다음 단계로 넘어가면 됩니다. 하지만 한국 기업들 중에는 위의 순서를 거꾸로 하거나, 전혀 엉뚱한 곳에 돈과 자원을 탕진(?)한 다음에 '중국 마케팅을 했노라'고 착각하는 분들이 너무 많습니다.

중국 마케팅의 필수요소, 타오바오

중국 마케팅에서 타오바오는 너무나 중요합니다. 하지만 의외로 이 점을 모르는 한국 기업들이 많습니다. 옥션, 네이버쇼핑, 지마켓을 합쳐 놓은 것보다 더 중요한데도, '규모가 큰 B2C, C2C오픈마켓' 정도로 인식하고 계시는 경우가 생각보다 많습니다. 그래서인지 한국 기업은 타오바오를 제대로 활용하지 못하는 경우가 많습니다. 이상한 곳(?)에 돈을 쏟아붓고 매출이 나오지 않아서 고민하는 분들이 부지기수였습니다.

그래서 중복임을 알면서도 다시 한 번 말씀드리겠습니다.

한국에서 브랜드를 런칭할 때 가장 기본이 되는 마케팅, 다른 건 안 하더라도 이것만은 반드시 해야 한다!라는 마케팅이 무엇일까요? 여러 가지 대답이 나올 수 있겠지만 저는 우선 '네이버로 검색했을 때 나오는 것'이라고 말씀드리고 싶습니다.

네이버로 검색했을 때 제대로된 검색 결과가 나와야 합니다. 이것이 기본이고 한국 사람이라면 누구나 알고 있습니다. 검색엔진최적화(SEO)가 되면 좋겠지만 최소한 '뭐라도' 나오게 만들어야 합니다. '이 제품이 너무 좋아요!'라는 검색 결과가 나오는 게 최선이지만 그렇지 않더라도 최소한 검색에는 '걸리게' 해야 한다는 말입니다

악(惡)플보다 무(無)플이 더 문제다

소비자는 '당연히' 네이버에 검색 결과가 나올 거라고 믿기 때문입니다. 믿을 만한 제품이라면 사람들이 많이 쓰고 있을 것이고, 사람들이 많이 쓰고 있다면 네이버 블로그나 네이버 카페에라도 게시물이 있을 거라고 생각합니다.

그래서 동네 분식집조차 몇십 만원을 주고 블로거들을 씁니다. 유튜브나 페이스북, 인스타그램도 하고요. 수많은 배달앱에 광고도 합니다.

한국에서 기본으로 해야 하는 네이버 검색 마케팅, 그게 중국에서는 타오바오 마케팅이라고 생각하시면 됩니다. 중국 사람들은 상품에 대해서 검색할 때 타오바오를 이용하기 때문입니다.

중국 소비자가 광고나 입소문, 위챗, SNS등을 통해서 어떤 상품에 대해 인지했을 때, 그리고 그 상품에 대해 관심과 흥미를 느꼈을 때, 가장 먼저 하는 행동이 바로 모바일이나 PC에서 타오바오를 켜서 그 제품의 이름을 검색하는 것입니다. 한국에서 네이버로 검색하는 것과 마찬가지입니다.

그런데 타오바오에서 제품을 검색했을 때 아무 것도 뜨지 않는다면 어떻게 될까요?

소비자는 우선 자신이 오타를 쳤는지, 검색어가 잘못되었는지를 확인할 겁니다. 왜냐하면 타오바오에서 검색해서 나오지 않는 상품이라는 것은, 마치 유니콘이나 드래곤처럼 이 세상에 존재한다는 사실 자체가 굉장히 낯설고 신기한 일입니다.

중국 소비자에게는요.

그런데 이런 경우가 적지 않다는 데 문제의 심각성이 있습니다. 제가 이렇게 책을 쓰게 된 가장 큰 이유 중에 하나고요.

"상당수의 한국 제품은 타오바오에서 제대로 검색이 되지 않는다. 즉 검색해봐도 나오는 게 없다."

이것이 한국 상품이 중국에서 처할 수 있는 가장 암울한 상황입니다. 실제로도 많이 발생하고 있고요.

물론 이런 경우, 즉 타오바오에서 제대로 검색했는데도 아무 것도 나오지 않는 경우는 많지 않습니다. 웬만한 한국 제품이라면 한국에서 직수입되는 건 물론이고, 공동구매나 해외직구, 보따리상 물건이라도 있기 때문입니다. 하다못해 중국에서 만든 짝퉁이라도 뜨기 마련입니다.

그런데도 아무 것도 뜨지 않는다? 확실히 뭔가 이상합니다. 이유야 어찌됐든 중국 소비자는 그런 상품을 절대로 사지 않을 겁니다. 심지어 징동이나 티몰, 핀둬둬 등에 입점해 있더라도 믿지 못할 가능성이 큽니다.

사실 타오바오에 없는데 저런 상점에 들어가는 것 자체가 쉽지 않습니다. 쇼핑몰의 MD가 브랜드의 입점이나 사입을 고려할 때 가장 먼저 해보는 것도 '타오바오에서 검색해보기'니까요. 타오바오에 (제대로) 없는 상품을 보는 MD의 생각은 소비자와 거의 비슷합니다. 한 마디로, '이 상품, 믿을 수 있을까?'입니다.

타오바오에서 (제대로) 검색되지 않는 것이 최악의 상황이라면, 그 다음으로 나쁜 상황은 무엇일까요? 내 제품 이름으로 검색했을 때 짝퉁이나 비슷한 상품들만 검색되는 것입니다.

그렇다면 가장 좋은 경우는 어떤 경우일까요? 타오바오에서 많은 판매자가 열심히 팔고 있는 경우입니다. 제품을 구입한 사람들의 후기가 많이 있는 제품입니다. 기왕이면 좋은 반응만 있으면 좋겠지만 나쁜 반응조차 없는 것보다는 훨씬 낫습니다.

중국에서 잘 팔리는 제품, 그래서 한국 사장님, 중국 판매상, 중국 소비자 모두를 행복하게 만들어주는 제품!

그런 제품이 되기 위해서는 타오바오를 휘어잡아야 합니다.

타오바오를 잡으면 모든 플랫폼을 잡을 수 있다

이번 장에서는 중국 온라인 마케팅의 우선순위를 알아보았습니다.

어떠신가요? 독자 여러분이 생각하신 우선순위와 일치하나요? 지금 그 순서로 마케팅을 집행하고 계신가요?

다시 말씀드리지만 타오바오는 선택이 아닌 필수입니다. 다른 모든 프로모션과 마케팅을 포기하더라도, 타오바오만큼은 반드시 사수해야 합니다.

그 이유는 앞에서 여러 차례 말씀드렸습니다. 중국 소비자가 상품을 검색하는 플랫폼, 중국 소비자가 상품을 비교해서 실제로 구매까지 하는 가장 중요하고 기본이 되는 플랫폼이 바로 타오바오이기 때문입니다.

또 하나의 이유가 있습니다. 타오바오는 유입량을 만들어 내는 곳이고 모든 플랫폼의 사입할 때 가장 먼저 확인하는 곳이 타오바오 지수이기 때문입니다. 이것 또한 바로 앞에서 말씀드린 바 있습니다.

여러분이 티몰에 입점하든, 그밖에 어떤 플랫폼에 입점하든 MD는 여러분의 타오바오 판매량과 타오바오 지수, 타오바오 검색 결과 등을 확인할 것입니다. 타오바오에서 검색하면 이 제품에 대한 정보가 많을 것이다, 라고 중국 MD들조차 확신하고 있기 때문입니다.

징동, 티몰 등의 B2B 시장에도 장점이 많습니다. 하지만 대형 플랫폼이기 때문에 제품의 가짓수도 많고, 돈을 쓰지 않으면 노출 자체가 되지 않습니다.

이에 반해 타오바오는 상점마다 단골을 거느릴 수 있습니다. 앞에서 말씀드린 '팬' 또는 '서포터'들이지요. 그리고 개별 상점에서 판매하는 제품의 가짓수가 상대적으로 적기 때문에 더 많이 노출되는 이점도 있습니다.

타오바오의 딜레마

그런데 한국 기업 중에는 아직도 타오바오를 무시하고 바로 B2B플랫폼으로 가려는 분들이 많습니다.

하지만 징동, 티몰, 카오라 등의 쇼핑몰은 타오바오가 뒷받침되어야 좋은 조건으로 입점할 수 있고, 입점 후에도 매출을 올릴 수 있습니다. B2B 플랫폼에서 주로 쇼핑하는 소비자들도 한 번쯤은 타오바오에서 검색해보기 때문입니다. 자신의 단골 샵에서 팔고 있거나 믿을 수 있는 판매자다 싶으면 바로 구입할 수도 있고요.

중요한 것은 중국 소비자들로 하여금 물건을 '사게 만들어야' 한다는 것입니다. 사게 만들려면 우선 사고 싶게 만들어야 하고, 이 판매상에게서 사도 되겠다는 확신을 줘야 합니다.

이것을 위해서 타오바오가 필요한 것입니다. 그러므로 타오바오에서 나오는 매출만 봐선 안 됩니다.

그런데도 한국 기업들은 비용과 매출액을 이유로 타오바오 관리나 마케팅을 중단하거나 포기하는 경우가 많습니다. 그러나 이것은 소비자가 정보를 획득하고 신뢰를 형성할 수 있는 가장 크고 활성화된 채널을 없애는 것입니다.

중국에서는 MD든 소비자든 판매상이든 간에 '상품 검색은 타오바오'가 상식이기 때문입니다. 특히 소비자들은 더욱 그렇습니다. 우리나라 소비자들도 BB크림 하나, 파운데이션 하나 사기 위해서 수많은 사이트를 섭렵하지 않습니까? 물론 그렇게 한 번 구입해서 만족스러우면 계속 그 상점을 이용할 테고요.

타오바오로 제품을 검색했더니 가품으로 보이는 중국 상품들이 이미 점령했다? 상표만 같은 다른 상품들이 버젓이 판매되고 있다? 아예 아무 것도 검색되지 않는다? 셋 중에 하나만 해당돼도 소비자는 미련 없이 구매를 단념할 것입니다.

왜냐하면 이제 중국 시장에는 대체재가 차고 넘치기 때문입니다.

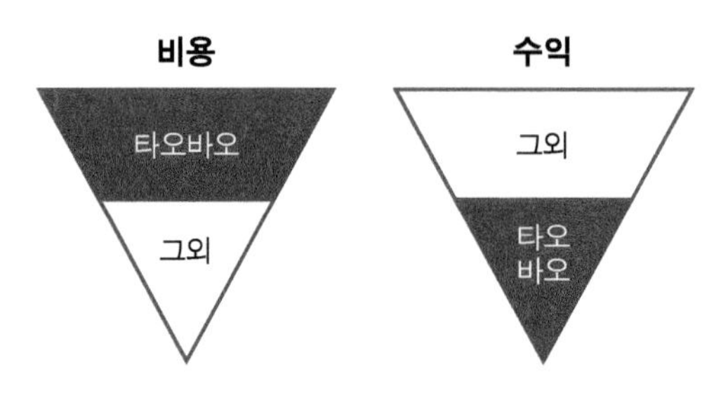

타오바오의 딜레마

투입 비용 대비 매출이 나오지 않는다고 해서 타오바오를 등한시해선 안 됩니다. 가성비로 따질 수 없는 효용과 효과가 있기 때문입니다.

지금 이 순간에도 수많은 한국 경영진과 기업 오너들이 중국 매출 때문에 고민하고 계십니다. 실무자들과 중간관리자들은 물론이고요.

하지만 주가와 매출은 계속 떨어지고 있습니다. 그렇다면 뭔가 잘못하고 있다고 생각해야 합니다. 이제까지 해왔던 방식을 버리고 틀을 깨야 합니다. 껍질을 깨고 나오는 건 불안하고 위험할 수 있습니다. 하지만 알을 깨고 나와야 새가 되어 창공을 날 수 있습니다. 따뜻하고 안전한 알 속에 있으면 따뜻하고 안전하게 썩어갈 뿐입니다.

해결책은 타오바오입니다.

물론 반론이 있을 수 있습니다. "나는 위챗마케팅이 답이라고 생각한다."라고 말씀하실 수 있어요. "타오바오 따위(?)가 어떻게 해답이란 말이냐?", "이미 해봤지만 안 되더라!"라고 얼마든지 이의를 제기하실 수 있습니다.

제가 위챗마케팅이나 웨이보 마케팅이 뭔지 몰라서 이렇게 말씀드리는 게 아닙니다. 중국 사람이라면 누구나 알고 있는 중국인들의 쇼핑 습관, 즉 거의 모든 소비자가 타오바오로 상품을 검색하고, 대다수까지는 아니더라도 상당수의 소비자가 타오바오에서 제품을 구매한다는 '팩트'를 말씀드리는 것뿐입니다.

그렇다면 중국 마케팅도 타오바오가 중심이 되어야 하지 않을까요? 한국에서 네이버쇼핑이 가장 크니까, 마케팅도 네이버쇼핑 위주로 해야겠다, 라는 게 당연한 것처럼요.

물론 저는 타오바오만 하시라, 타오바오 말고 다른 건 필요없다, 라고 말씀드리는 게 아닙니다. 어디까지나 기본을 말씀드리는 것입니다. 이런 기본조차 잘 안 되고 있어서 답답해서 드리는 말씀입니다.

그러면 타오바오 외에는 어떤 마케팅을 하는 게 좋을까요?

중국 마케팅의 기본 - 틱톡, 샤오홍슈, 콰이쇼우

마케팅 예산과 관계없이 반드시 들어가야 할 플랫폼은 타오바오입니다.

타오바오에서 자리를 잡았다면, 그 다음은 샤오홍슈, 위챗, 웨이신입니다. 이들 플랫폼과 관련된 사항들은 아래와 같이 간략하게 정리하고 넘어가겠습니다. 이 책은 중국 마케팅에 대한 입문서나 실용서가 아니기 때문입니다.

이 책을 읽으시는 분들 중에 아래 플랫폼들을 모르시는 분은 없을 테고요. 필요하신 분들은 인터넷이나 관련 서적을 조금만 찾아보셔도 방대한 정보를 쉽게 정보를 얻으실 수 있습니다.

이들 플랫폼들은 소비층과 연령층이 각기 다릅니다. 틱톡을 좋아하는 사람과 콰이쇼우를 주로 쓰는 사람이 다르고, 다 같이 쓰는 사람도 많습니다. 그러나 주력 연령, 상품, 가격대가 다르다고 해서 무시하거나 배제할 필요는 없습니다.

예를 들어서 40대 이상을 주고객으로 하는 상품도 비교적 젊은 층을 대상으로 하는 틱톡이나 샤오홍슈에서 홍보하고 판매할 수 있습니다. 한국에서도 연령대나 카테고리와 무방하게 네이버, 유튜브, 인스타그램, 페이스북에서 검색하고 찾아볼 수 있게 해주어야 하는 것과 같습니다.

고객에 대한 CS는 점포에서 합니다. CS는 해당 쇼핑몰 직원들의 채팅 상담으로 이루어지는 경우가 대부분이고요. 이때 상점들의 CS, 즉 제품 자체와 관련된 중요한 CS는 대행사로 넘어옵니다. 소비자의 컴플레인이 반복되거나 심각할 경우, 상점들이 직접 제조사에 CS를 요청하는 것입니다.

이 경우에는 상점들이 대행사에 요청하고, 대행사가 제조사에 전달하는 것이 일반적입니다. 그러나 이 정도까지 넘어오는 경우는 많지 않습니다.

왕홍과 타오바오

중국판 인플루언서(Influencer)라 불리는 왕홍 관련 시장은 2017년부터 2022년까지, 연평균 41.8%의 빠른 성장이 예상되고 있습니다.

왕홍에 대해서도 아래와 같이 간단한 그림으로 요약하고 넘어가겠습니다. 이미 다수의 서적이나 인터넷 사이트에서 다루어 왔기 때문입니다.

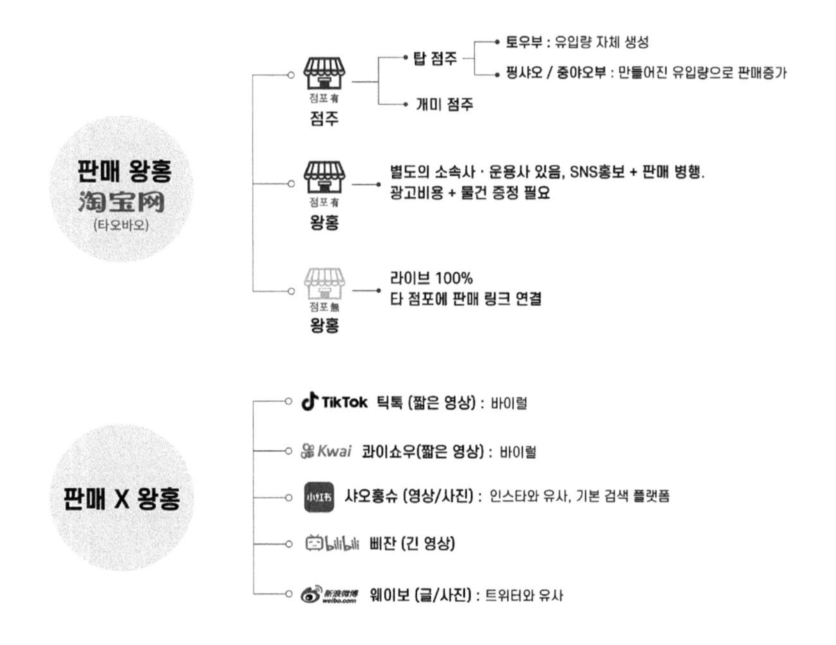

왕홍에 대해 말씀드리고 싶은 것은 중국 판매상에 대해서 말씀드린 것과 동일합니다.

투명한 파트너십과 동등한 윈-윈 관계를 맺고, 책임과 권한과 자율을 보장하며, 이익을 공유하시라는 말입니다.

중국에서는 상품을 출시하는 것은 출발에 불과합니다. 왕홍이나 판매상들이 여러분의 제품을 가지고 뛰어다니는 게 진짜 판매 과정입니다. 그러므로 스포츠 팀이나 스포츠 스타의 서포터가 된 심정으로 그들을 응원하고 도와줘야 합니다. 그렇게 해서 신바람이 난 '선수'들이 열심히 뛰어줘야 모두가 돈을 벌 수 있기 때문입니다.

왕홍과 판매상을 우리 편으로 만들어야 합니다. 그리고 그 핵심은 이익을 보장해주는 데 있습니다. 판매 생태계를 구축하고 적정한 거리에서 관리해주기만 하면 됩니다. 실제로는 이조차 못하는 기업이 적지 않습니다. 뭘 어떻게 해야 하는지 감도 못 잡는 분들도 많고요.

'급'이 높은 왕홍과 어떻게 접촉해서 계약을 성사시키고, 어떻게 하면 비용을 후려쳐서 매출을 뽑아낼 수 있을까, 하는 것들은 전부 부차적인 문제에 불과합니다. 그에 대한 책이나 자료도 이미 많이 나와 있고요.

또 한 가지, 왕홍 마케팅을 포함해서 어떤 판촉 활동을 하더라도 기본이 중요합니다. 이 책에서 말씀드리는 사항들을 준비하지 않거나, 준수하지 않은 상태에서 왕홍 마케팅을 하는 것은 반짝 효과에 그칠 확률이 높다는 뜻입니다.

특히 타오바오가 활성화되지 않은 상태에서는 실제 구매로 연결시키기 어렵습니다. 수많은 한국 기업들이 실행해온 프로모션들이 소기의 성과를 거두지 못했던 근본적인 이유 중에 하나입니다.

당장 효과가 있더라도 오래 가지 못하는 경우가 대부분입니다. 실무자는 당장 칭찬을 받아서 좋긴 하겠지만요.

기본이 튼튼해야 오래 가고, 기반이 튼튼해야 높이 올라갈 수 있습니다.

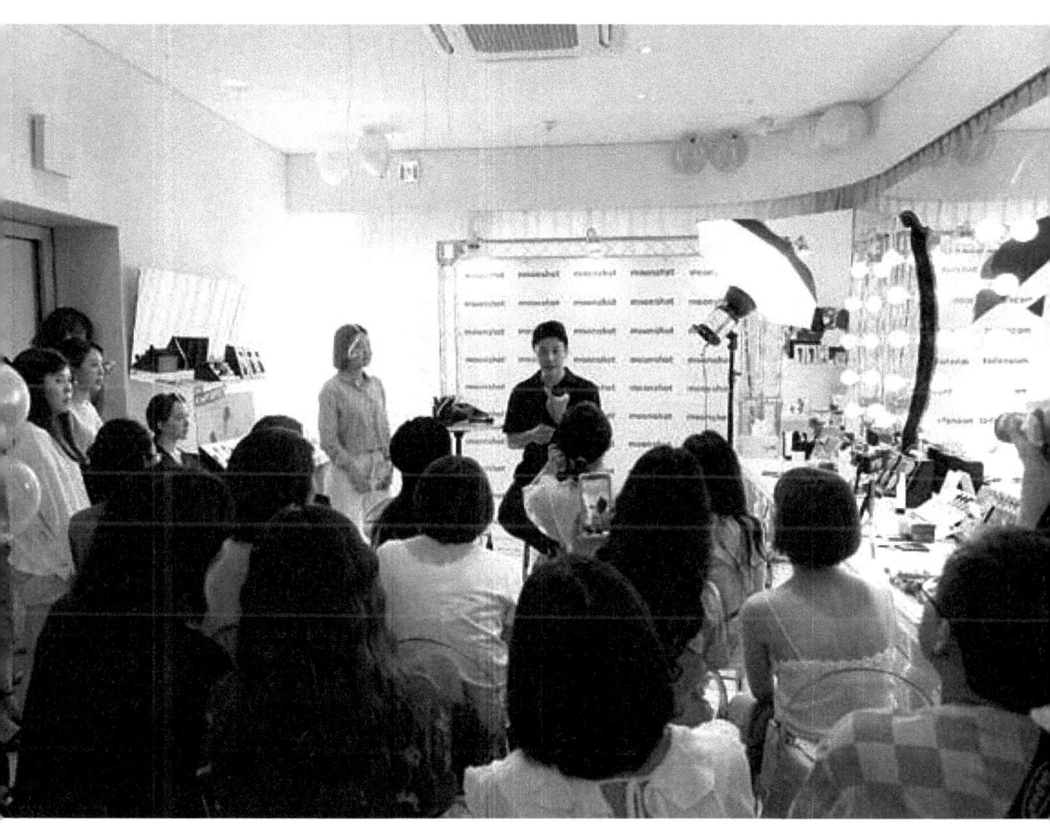

국내 모 브랜드와 함께 타오바오 탑 셀러들과 왕홍들을 초청하여 이벤트를 열고 있다.

3장 신뢰의 문제

> 모두를 사랑하라. 몇 명만 믿어라. 나쁜 짓은 단 한 명에게도 하지 마라.
> Love all, trust a few, do wrong thing to none.
> — William Shakespeare,

중국 소비자는 최저가 제품을 사지 않는다

중국 시장과 중국 소비자의 행태를 이해하기 위해서는 중국 특유의 '신뢰의 딜레마'를 이해할 필요가 있습니다.

아시는 바와 같이 중국에는 분유 파동, 식품 파동, 멜라민 파동, 폐식용유 파동이 있었습니다. 그리고 수많은 가품(짝퉁)이 판을 치고 있습니다. 그런 행동에 대한 죄의식도 - 물론 다 그런 건 아니지만 - 덜한 편이고요.

한 마디로 신뢰의 문제가 아직 해결되지 않은 것입니다. 그래서 중국에는 신뢰가 부족합니다. 생산자에 대한 신뢰 부족. 유통업자에 대한 신뢰 부족. 소비자에 대한 신뢰 부족 등등…

그래서 중국 소비자는 최저가로 사지 않습니다. 물론 최저가는 매력적이지요. 하지만 조금 돈을 더 주고 사는 것이, 최저가라는 말에 혹해서 짝퉁을 사는 것보다 훨씬 낫다고 생각하는 것입니다. 우리나라에서는 싸게 사기만 하면 되는데, 중국에서는 싸게 사는 것보다 속지 않는 게 훨씬 더 중요한 셈이지요.

한국에서도 인기 있는 글로벌 브랜드인 A 화장품은 타오바오에서 사는 게 징동이나 티몰에서 사는 것보다 쌉니다. 그래도 상당수의 중국 소비자들은 돈을 더 주더라도 티몰에서 사고 싶어합니다. 이유는 간단합니다. 속고 싶지 않으니까요.

이런 현상은 중국에만 있는 게 아닙니다. 저도 좀 바싸더라도 오프라인에서 구입하는 것을 선호하는 편입니다. 예를 들어 브랜드 티셔츠를 살 때, 많게든 조금 더 비싸더라도 오프라인 매장에서 사곤 합니다. 제 지인들은 제가 중국사람이 다 되어서 그렇다고 장난삼아 이야기하지만 중국 사람들만 그런 것은 아닙니다.

그에 비해 제 아내를 비롯한 일부 지인들은 인터넷을 더 선호합니다. 더 많은 제품을 검색해볼 수 있고 더 싸게 살 수 있기 때문이지요.

신뢰가 없으니까 신뢰가 중요하다

이런 사회에서 속지 않는 방법은 무엇일까요?

네, 믿을 수 있는 사람에게서 사는 것입니다.

중국에 왕홍과 같은 인플루언서가 발달하고, 구매의 과정이 복잡하며, 상품 소개 페이지가 한국의 몇 배나 되게 길며, 타오바오를 비롯한 쇼핑몰에서 채팅 상담이 대한민국의 몇 배나 활성화되어 있으며, 판매상들이 중요시되는 이유가 여기에 있습니다.

신뢰가 부족하기 때문입니다. 미국의 석학인 프랜시스 후쿠야마 교수는 <트러스트: 사회도덕과 번영의 창조(TRUST: The Social Virtues and the Creation of Prosperity)>라는 저서에서 '신뢰'가 국가 경쟁력의 가장 중요한 원천이라고 말한 바 있습니다.

그는 지구상에는 '고신뢰 사회(high-trust society)'와 '저신뢰 사회(low-trust society)'의 두 가지 사회가 있으며, 중국과 한국을 저신뢰 사회로 분류한 바 있습니다. 이 책이 1996년에 출간된 이후, 한국은 높은 민주화와 청렴함을 이룩했지만 중국은 그렇지 못했습니다.

나름대로 높은 신뢰가 구축되어 있는 북유럽이나 한국과 같은 사회보다, 저(底) 신뢰 사회인 중국에서 신뢰의 가치가 더 높습니다. 고(高) 신뢰 사회에서는 신뢰가 돌처럼 흔하니까 상대적으로 가치가 낮아 보이고, 중국에서는 금처럼 귀하니까 상대적으로 귀하게 느껴지는 셈입니다.

물은 금보다 훨씬 유용하지만 흔하기 때문에 금보다 쌉니다. 마늘이 산삼처럼 귀했다면 산삼만큼 비쌌을 거라는 말도 있지 않습니까? 신뢰를 가진 판매자들이 유독 중국에서 소중하게 대우받고, 높은 평가를 받는 이유가 여기에 있습니다.

그래서 중국에서는 지인이나 믿을 수 있는 사람(또는 기업)의 말이 중요합니다. 물론 한국 소비자들도 다른 사람들이 쓴 리뷰를 보고 제품을 구매합니다. 인스타그램, 페이스북, 유튜브 등의 후기를 보고 사는 것도 같은 맥락입니다.

그런데 중국과 같은 저신용사회에서는 리뷰를 속이는 경우도 많습니다. 판매자가 리뷰를 작성하거나 조작하는 것입니다. 중국 기업이나 판매상들이 이러한 행동을 좀 더 거리낌없이, 죄책감을 덜 가지고 하는 경향이 있습니다.

사실 '사기(Cheating)'나 '조작'과 '과장'의 경계가 모호한 경우도 많습니다. 특히 타오바오 판매자들은 자신의 제품이나 서비스를 과장하는 경향이 있습니다. 과장은 합법이고 사기는 불법입니다. 하지만 고도의 사기는 과장이 되고, 고도의 과장은 사기가 될 수 있습니다. 중국 판매상이나 왕홍은 이 선을 교묘하게 넘나드는 경우가 많습니다. 과연 중국 상인이다, 라는 생각이 절로 들 정도입니다. ,

그러나 경쟁이 너무 심하기 때문에 어쩔 수 없는 측면이 있습니다. 예를 들어서 연구원은 물건을 잘 만들 순 있지만 영업사원만큼 물건을 잘 팔지는 못합니다. 영업사원은 과장하고 포장할 줄 알기 때문입니다.

중국 소비자들도 이런 점을 잘 알고 있습니다. 그래서 더더욱 신뢰할 수 있는 판매상을 찾으려고 애쓰고, 지인들의 '입소문'에 귀를 기울이는 것입니다. 나하고 '관계(꽌시)'가 있는 사람이라면 적어도 과장의 선은 넘지 않을 거라고 믿기 때문입니다.

왕홍을 비롯한 인플루언서들이 바로 그런 사람들입니다. 지인은 아니지만 믿을 수 있고, 선망할 수 있고, 라이프스타일을 배울 수 있는 사람들이죠.

시간과 비용을 들여서 신뢰를 구축하기 어려운 한국 기업들이 이미 신뢰를 구축해놓은 왕홍이나 판매상들을 활용하는 이유가 여기에 있습니다.

인간 대 인간의 신뢰

중국에는 "속이는 놈이 나쁜 게 아니라 당하는 놈이 멍청한 거다."라는 통념이 있습니다. 실제로 자녀가 밖에서 누군가에게 속아서 들어오면 한국 부모들은 자녀의 손을 잡고 따지러 가지만, 중국 부모들은 왜 멍청하게 속았냐고 하면서 오히려 아이를 혼낸다는 말도 있습니다.

제 생각에는 중국의 극단적인 개인주의 정서 때문인 것 같습니다. 중국 전통 가옥인 사합원(四合院)은 한옥(韓屋)보다 폐쇄적입니다. 사합원은 정문만 닫으면 외부와 완전히 단절됩니다. 나도 너에게 신경쓰지 않을 테니 너도 나에게 신경 끄라는 느낌을 받습니다. 땅이 너무 크고 사람이 너무 많다 보니 너무 많은 비극적인 일들이 일어났고, 그래서 내 울타리 안에 있는 내 가족만 챙기겠다는 개인주의를 가질 수밖에 없던 게 아닐까요?

사합원에 적용된 건축 사상이 중국인의 내면에 자리잡고 있었기 때문에, 내 울타리 안에 있는 '내 사람'들에게는 신뢰와 헌신을 아끼지 않는 대신에 바깥에 있는 '이방인'들은 속여도 된다, 라는 사고방식이 고착화된 것은 아닐까요? 남과 나를 철저히 구분하는 이분법적 세계관에서는 충분히 가능한 일이라고 생각합니다.

물론 모든 중국인들이 그렇다는 건 아닙니다. 한국 사람보다 더 한국 사람 같은 분들도 많고 좋은 분들, 믿을 수 있는 분들도 얼마든지 많습니다. 제가 드리고 싶은 말씀은 중국인들 특유의 폐쇄성이 상품 구입 과정에서도 엿보인다는 것입니다. 그리고 바로 이런 점 때문에 중국 시장에 대한 접근 방식이 다른 나라들과는 달라야 한다고 생각합니다.

물론 이러한 문화적인 이유만큼이나 각 플랫폼의 특징도 중요합니다. 예를 들어 티몰의 광고나 마케팅은 글로벌 표준이지만 타오바오는 로컬(중국) 표준입니다. 티몰은 타오바오와 달리 '중국식 과장'을 (가급적) 하지 않는다는 뜻입니다. 최근에는 타오바오 역시 글로벌 표준에 부합하기 위해 노력하고 있습니다.

티몰이나 징동닷컴 등은 타오바오에 비해 과장이 덜합니다. 따라서 소비자는 조금 비싸더라도 정직한 제품을 제값 주고 산다는 느낌을 받을 수 있습니다.

이러한 구조와 사고방식이 중국에서 완전히 뿌리내렸기 때문에 타오바오와 티몰의 가격은 다를 수밖에 없으며, 달라야 합니다.

만약 어떤 판매상이 티몰에서 타오바오와 비슷한 가격으로 제품을 판매하기 시작하면 빨리 막아야 합니다. 왜냐하면 신뢰 자산이 부족한 타오바오 판매상들이 타격을 입기 때문입니다. 방금 말씀드린 것처럼 소비자들은 같은 값이면 좀 더 믿을 수 있는 티몰 상점에서 사려고 하니까요.

이렇게 되면 서로 가격을 떨어뜨리면서 출혈경쟁을 일삼다가, 결국 가격이 붕괴되어서 아무도 팔지 않는 상품이 되어버리기 십상입니다. 한국 기업 입장에서는 자다가 날벼락 맞는 셈이지요. 이런 일이 벌어지지 않도록 지속적인 가격관리를 해줘야 합니다. 이를 위해 대행사나 파트너사, 총판, 팬매상 등의 협조를 구하는 것도 좋습니다.

꽌시에 대한 오해

앞에서 꽌시에 대해 말씀드린 바 있습니다. 중국말로 꽌시라고 하지 말고 한국말로 관계라고 생각해야 제대로 이해할 수 있다고도 말씀드렸습니다.

중국인이 자신의 관계 안과 밖에 대해 차이를 두는 것은 사실입니다. 사합원의 사방을 둘러싼 높은 담장처럼, 내 관계 밖에 있는 사람들에게 배타성을 가지는 것이지요.

따라서 다시 말씀드리지만 꽌시는 단지 '내가 힘있는 사람과 친하다'라는 한국식 개념과는 거리가 멉니다. "내가 너거 서장하고, 어! 밥도 묵고! 사우나도 같이 가고! 다했어!"(영화 범죄와의 전쟁 중)라고 큰소리치는 게 꽌시가 아니라는 말입니다. 그건 꽌시가 아니라 허세일 뿐입니다.

그러므로 누군가가 "내가 중국의 힘있는 사람과 꽌시가 있다!"라고 하는 건 속 빈 강정일 경우가 대부분입니다. 만약 상대방도 진정한 꽌시라고 생각한다면 대단한 일이긴 하지요. 하지만 저는 한국에서 그런 경우를 거의 못 보았습니다.

이 때문에 한국 기업인들이 중국에 가서 많이 오해하곤 합니다. 중국 사람들이 좋은 식당에 데려가서 값비싼 음식을 많이 대접하면서, 친구(펑요우)라고 불러주는 것에 과몰입을 하는 것입니다.

그건 그냥 중국식 접대 문화일 뿐입니다. 내가 특별해서도 아니고 나와 꽌시를 맺어서도 아닙니다. '우리 이제부터 천천히 알아나가자'라는 정도의 의미일 뿐입니다. 그 자리에서 이런저런 이야기가 오갔다고 해서 실제로 이루어지는 것도 아닙니다.

특히 "하오더(好的), 하오더!"라는 말은 "좋다"라는 뜻이 아니라 "(네 말이 무슨 말인지) 알겠다, 알아들었다.", 혹은 "괜찮다."정도라고 봐야 합니다. 중국 사람들의 말과 행동에 일희일비할 필요가 없다는 뜻이지요.

중국 타오바오 셀러와 왕홍들이 모이는 전시회 현장. 전세계에서 수천 개의 글로벌 브랜드들이 이들에게 눈도장을 찍기 위해 앞다투어 참가 신청을 한다.

4장 타오바오에서 성공하는 열 가지 방법

> 사소한 일에도 마음과 지혜와 영혼을 다하라. 이것이 성공의 비밀이다.
> Put your heart, mind, and soul into even your smallest acts.
> This is the secret of success.
> - Swami Sivananda

이번 장의 제목인 '판매상을 사로잡는 열 가지 방법'은 '판매상이 궁금해하는 열 가지 사항'으로 바꿔도 좋습니다.

지금부터 말씀드리는 열 가지 사항은 인터넷은 물론이고 어떤 책이나 전문가에게서도 들을 수 없는 자료일 겁니다. 왜냐하면 대한민국에서 저보다 더 많은 중국 판매상들과 왕홍들, 그리고 타오바오 상인들을 아는 사람은 '아마도' 없기 때문입니다.

물론 저보다 잘 아는 분이 계신지 조사해본 적은 없습니다. 그래서 '아마도' 라고 한 것입니다. 그러나 가능성이 낮은 아마도가 아니라 십중팔구의 아마도일 겁니다.

첫째, 적정한 판매 이윤을 보장하라

저는 가격경쟁이 가장 손쉽고 저급한 경쟁이라고 생각합니다.

다양한 판매상들이 가격이 아니라 다른 요소로 경쟁하도록 해줘야 합니다. 가격으로만 경쟁하는 것은 공멸하는 지름길이 될 수 있기 때문입니다.

각각의 판매상들은 자신만의 장점을 살려서 경쟁해야 합니다. 왕홍을 비롯한 인플루언서들의 그 예가 될 것입니다. 수많은 대중들이 왕홍들의 라이프스타일을 따라하고 싶어합니다. 이것은 한국에서도 마찬가지입니다. 연예인이 사용하는 제품이나 라이프스타일이 화제가 되곤 하니까요.

가격경쟁이 극단으로 치닫는 경우, 소매가1천원에 팔던 원가 200원짜리 물건이 타오바오에서 10원에 팔리는 사태가 발생합니다. 실제로 지금 이 순간에도 타오바오에서 종종 벌어지는 일입니다.

이런 말도 안 되는 가격이 가능한 이유는 택배비 때문입니다. 수많은 상품을 판매하는 대형 판매상의 경우는 택배비를 할인받는 경우가 많습니다. 그래서 저가 제품의 경우, 이렇게 아낀 택배비로 물건값을 보전받을 수 있습니다. 10원에 팔아도 몇백 원으로 파는 효과가 발생하는 것입니다. 이것은 우리나라에서도 종종 벌어지는 일입니다.

하지만 이렇게 되면 새로운 판매상이 붙지 않습니다. 기존 판매상들도 최대한 빨리 재고를 소진하고 손을 털고 싶어하겠죠. 이윤이 너무 박하니까요. 팔(아줄) 상품은 널려 있는데 왜 돈이 안 되는 걸 붙잡고 있겠습니까?

그러므로 처음부터 끝까지 적정한 이윤이 보장되어야 합니다. 판매상과 입장을 바꿔서 생각하면 너무 당연한 것이지요. 제대로된 중국 판매상들은 소비자의 신뢰를 그 무엇보다도 우선시합니다. 그래서 경쟁 상점보다 비싸게 팔 수가 없습니다. 그러면 소비자들이 '(정직한 상점인 줄 알았는데) 비싸게 받아먹는다'고 생각할 테니까요. 그래서 울며 겨자먹기로 가격을 내릴 수밖에 없습니다.

이 세상에 하나뿐인 독점 상품이 아니라면, 마진율이 낮은 한국 제품보다 마진율이 높은 제품을 판매하고 싶어합니다. 이것은 중국 상인이든 아프리카 상인이든 똑같습니다. 즉 한국 화장품을 개당 9천원에 들여와서 1만원에 팔고 있었는데, 일본 화장품 회사가 찾아와서 '개당 5천원에 줄 테니까 1만원에 팔아'라고 하면 당연히 일본 제품을 팔겠지요.

게다가 도매가격이나 소매가격을 제조사 마음대로 결정하는 경우가 많습니다. 예를 들어서 초코파이나 신라면 같은 상품은 마진율이 박해도 큰 불만 없이 판매할 것입니다. 제품 자체의 브랜드 가치가 높고 그만큼 회전이 잘 되니까요.

하지만 듣도보도 못한 상품은 마진율을 높지 않다면 굳이 팔려고 하지 않을 것입니다. 많은 한국 기업들이 예전의 '좋던 시절'을 잊지 못해서 신규 제품에도 낮은 마진율을 제시합니다. 이제까지 숱하게 벌어졌던 일입니다.

심지어 한국 기업 실무자가 "우리 제품은 무조건 만 원 이상으로 공급해야 돼요."라고 고집을 부리는 경우가 있습니다. 물론 경영진이 그렇게 지시했기 때문이지요. 하지만 어째서 그 가격을 받아야 하느냐? 라고 물어보면 대답하지 못하는 경우가 많습니다.

뿐만 아니라 "그 가격에 공급하면 (이미 여러 제품들의 원가나 유통구조에 빠삭한) 중국 판매상들이 외면할 것이고, 설사 팔아준다고 해도 해외 명품과 비슷하거나 더 높은 가격으로 소매가격이 형성될 것이다. 그래도 그 가격으로 팔고 싶으냐?"라고 여쭤봐도 그렇다고 하는 경우가 종종 있었습니다. "그 가격에 팔리도록 만들어주는 게 당신들의 역할이 아니냐?" 라는 분들도 계셨고요.

한국에서 안 되는 일은 중국에서도 안 됩니다. 중국은 더 이상 '꿈의 시장'이 아닙니다.

말도 안 되는 공급가로 수억 원씩 매입해주던 벤더나 총판은 더 이상 없습니다. 그렇게 해주겠다는 판매상이 있다면 일단 의심부터 하고 꼼꼼히 확인하셔야 합니다.

둘째, 가격을 투명하고 세심하게 관리하라

가격을 왜 관리해야 하는지, 어떻게 관리해야 하는지는 앞에서 말씀드린 바 있습니다. 중복이 되더라도 다시 한 번 요약해서 말씀드리도록 하겠습니다.

백화점을 온라인 쇼핑몰에 비유하면 티몰이나 징동닷컴이라고 할 수 있습니다. 시장이나 공동구매는 타오바오라고 할 수 있고요.

이때 타오바오는 만 원짜리를 8천원에 팔아도 되지만, 티몰이나 징동닷컴은 그러면 안 됩니다. 쉽게 말해서 공동구매나 재래시장처럼 박리다매하는 플랫폼에서는 할인을 해도 되지만, 티몰이나 백화점과 같은 플랫폼에서는 그러면 안 된다는 말입니다. 왜 그럴까요?

티몰이나 백화점에서 가격을 후려치기 시작하면 가격체계 자체가 무너지기 때문입니다. 백화점과 마찬가지로 티몰에는 사업자들만 입점할 수 있습니다. 정품을 판매한다는 신용을 바탕으로 타오바오보다 높은 가격대를 형성합니다.

이런 티몰에서 가격을 내리게 되면 타오바오 판매상들도 울며 겨자먹기로 가격을 내릴 수밖에 없습니다. 같은 값이라면 타오바오보다 티몰에서 사는 게 나으니까요.

예를 들어서 백화점에서 만 원에 파는 제품을 온라인에서 공동구매로 판매하려면 어떻게 해야 할까요? 최소한 8천 원이나 9천 원으로 할인해야겠죠? 똑같은 가격으로 팔거나 차이가 적으면 굳이 공동구매로 살 필요가 없으니까요. 티몰에서 과도한 할인을 하면 한 된다는 이유가 바로 여기에 있습니다.

이것 역시 하나의 예에 불과합니다. 가격을 세심하고 투명하게 관리해야 하는 이유와 필요와 방법은 이것 외에도 외에도 얼마든지 있습니다. 한국적인 마인드로는 이해하기 힘든 중국식 '상생협력' 시스템이 곳곳에 자리잡고 있기 때문이지요.

어떤 경우든 중국 판매상들과 긴밀하게 소통하면서 처리해나가면 됩니다. 당신이야말로 그들의 가장 중요한 파트너 중에 하나이니까요.

가끔 "총판이 두 개면 안 되냐?"라고 물어보는 분들이 계십니다. "중국은 땅덩이가 크니까, 베이징에 하나, 상하이에 하나씩 두면 안 되냐?"라고 묻기도 합니다.

결론부터 말씀드리면 불가능합니다. 중국도 택배가 발달해 있기 때문에 온라인 판매의 경우 지역에 크게 구애받지 않기 때문입니다.

만약 두 개 이상의 총판을 둘 경우에는 가격을 투명하고 명확하게 관리해야 합니다. 그렇게 하지 않으면 가격경쟁이 시작되어 '할인 전쟁'이 일어납니다. 갱쟁적으로 가격을 던지다가 재고떨이 수순으로 갈 수도 있습니다.

가격을 관리하기 위해서는 적정한 직원을 두는 것이 필수입니다. 그런데 상당수의 한국 기업들이 인건비 절감을 이유로 충분한 직원을 두지 않는 경우가 대부분입니다. 극단적인 회사는 단 한 명의 직원이 매출 3천억짜리 제품을 관리하기도 합니다.

한 명의 담당자가 네 개의 총판을 관리하는 경우도 봤습니다. 총판들은 각각 25개씩의 도매상들을 관리하고요.

이런 식이면 제조사와 총판, 판매상 간의 원활한 커뮤니케이션은 사실상 기대하기 어렵습니다. 나중에는 도장을 찍어줄 수도 없을 정도로 제조사에 몰릴 것입니다. 이런 상황에서 세심하고 투명한 가격 관리가 가능할 거라고 믿는 것은 어불성설입니다.

셋째, 광고 홍보를 통해 브랜드 인지도를 높여라

중국에서 브랜드 인지도를 높이기 위해서는 제조사도 별도로 온라인 광고를 집행하는 게 좋습니다. 짜임새 있는 판매 생태계를 구축했다면 판매상들이 큰 역할을 해주겠지만, 연예인을 활용한 사진이나 영상 광고가 고객들에게 믿음을 줄 수 있기 때문입니다. 광고 자체가 훌륭한 바이럴 콘텐츠이기도 하고요.

한 가지 팁을 드리자면, 연예인을 모델로 쓰는 것보다 그 연예인이 실제로 제품을 사용하는 모습을 보여주는 게 더 좋습니다. 실제로 쓰지 않더라도 실제로 쓰는 것처럼 보여주는 게 좋다는 말입니다. 중국 소비자들은 연예인이 광고하는 상품보다 연예인이 사용하는 제품을 더 선호하기 때문입니다.

연예인이 어떻게 등장하는가보다 더 중요한 것은 어떻게 바이럴할 것인가입니다. 광고의 기획 단계에서부터 어떻게 유통시킬지를 고려해야 합니다. 콘텐츠의 제작과 유통을 분리해서 생각하는 게 아니라 통합해서 고민해야 한다는 뜻입니다.

그래서 저는 가급적 온라인 광고를 추천드립니다. 샤오홍슈, 틱톡, 콰이쇼우 등에 광고하는 것입니다. TV나 라디오, 인쇄매체 같은 전통적인 미디어보다 바이럴에 유리하기 때문입니다.

이 경우에는 광고 자체가 훌륭한 콘텐츠 역할을 해줍니다. 타오바오나 위챗은 물론이고 각종 동영상 사이트를 통해서도 손쉽게 바이럴할 수 있으니까요.

바이럴을 통해서 유입량을 늘려야 합니다. 광고나 콘텐츠를 보고 검색하는 사람들의 숫자를 유입량, 또는 유량이라고 부릅니다. 외부에서 유입되는 팬이라고 할 수도 있습니다.

타오바오 상인들은 유량을 중요시합니다. 유량은 제품의 인지도와 관심 정도를 보여주는 척도이기 때문입니다. 유입량이 높은 제품은 판매상들이 먼저 달려듭니다. 서로 줄을 서서 매입하려고 하지요.

그러므로 사전 바이럴을 통해서 일정 규모 이상의 유입량을 만들 수 있다면 성공 확률이 대폭 높아집니다. 유입량이 많으면 타오바오에서 성공할 수 있고, 타오바오에서 성공하면 중국 시장에서 성공할 수 있기 때문입니다.

넷째, 위생허가는 기본이다.

최근 중국 정부가 보따리장수들에 대한 단속을 강화하는 추세로 돌아섰습니다.

중국은 한국과 달리 병행수입이 안 되기 때문에 보따리장수들이 기본적으로 불법입니다. 따라서 엄밀히 말하면 중국으로 상품을 가져가서 파는 것 자체가 밀수인 셈이지요.

문제는 한국 기업들뿐만 아니라 해외 유명 브랜드들조차 이들 '보따리상'에 의존해왔다는 점입니다. 따라서 중국 당국의 규제 강화로 인해 단기적으로 매출이 하락하거나 번거로운 과정이 생길 가능성이 높습니다.

그래서 이제는 타오바오 점주들도 위생허가 여부를 먼저 묻는 시대가 되었습니다.

중국 당국과 판매상들이 이 문제에 대해 심각하게 고민하고 있으므로 어떻게든 해결될 것으로 생각됩니다. 새로운 질서(New Normal)이 만들어지는 셈이지요. 어쨌든 그때까지는 판매상들의 편의를 최대한 봐주는 것을 권해드립니다.

다섯째, 중국 내에 충분한 재고를 유지하라

어느 업체든지 재고는 중요한 사항입니다. 재고를 최소화하는 것이 중요한 경영 목표인 경우도 많지요.

하지만 중국 국토가 워낙 넓다 보니 중국 현지 창고에 충분한 재고를 유지하는 것이 필수적입니다. 타오바오에서 한국 제품을 구입하는 중국 소비자들의 가장 큰 불만 중 하나가 배송 기간일 정도니까요.

물론 적지 않은 양의 재고를, 그것도 한국이 아니라 중국 창고에 보관하는 부담과 위험은 잘 알고 있습니다. 하지만 한국의 홈쇼핑들이 3차, 4차 완판까지 대비한 재고를 미리 입고시키라고 요구하듯이, 판매상의 입장에서는 갑작스럽게 상품이 날개 돋힌 듯 팔려나가는 상황까지 감안

하지 않을 수 없습니다. 왜냐하면 판매상은 소비자에게 제품을 정시에 배송하겠다는 약속, 즉 신뢰를 지키고 싶어하기 때문입니다.

실제로 인기 왕홍이 이벤트나 제품 판매 방송을 하면 처음에 예상했던 수량의 몇 배가 나가는 경우가 흔합니다. 제가 대행했던 어느 회사는 처음에 5백 개도 충분하다고 생각했었는데, 방송이 시작된 직후 3백 개, 5분 후에 다시 3백 개, 다시 10분 후에 5백 개, 방송 종료 직후에 1천 개를 주문 받은 적도 있습니다.

그 회사가 제 말씀을 받아들여서 중국에 충분한 재고를 가지고 있었기에 망정이지, 그렇지 않았다면 왕홍과 저, 기업 모두 난감한 상황에 처할 수도 있었습니다. 이런 일은 여러분에게도 언제든지 일어날 수 있습니다.

여섯째, 제품 업로드 프로모션을 실행하라

중국 판매상들과 왕홍들의 몸값이 천정부지로 치솟고 있습니다. 콧대 높은 글로벌 브랜드들이 제발 우리 상품 좀 팔아달라고 매달린지 오래입니다. 그 정도로 중국 인플루언서들과 판매상의 파워가 강해진 것입니다.

그래서 새로운 제품을 런칭하거나 판매를 부탁하기 위해서 다양한 혜택을 주고 있습니다. 제품 샘플을 넉넉하게 제공하는 것은 물론이고, 다양한 이벤트나 업로드 프로모션을 하는 게 일반적인 현상이 되었습니다.

그런데도 한국 기업들은 샘플조차 제대로 주지 않는 경우가 많습니다. 왕홍이나 판매상들이 한국의 특정 제품에 관심을 가졌다가도 돌아서게 만들고 있는 것입니다.

아직도 많은 기업들이 중국 인플루언서들이나 판매상들이 알아서 찾아오기를 바라는 것 같습니다. 물론 그런 경우도 있겠지만 앞으로 점점 더 보기 힘들어질 것입니다.

지금부터라도 인식을 바꿔야 합니다. 아쉬운 쪽은 중국 판매상들이 아니라 우리 기업들이기 때문입니다.

샘플을 제공하거나 프로모션을 진행하는 것은 기본입니다. 중요한 것은 좋은 자리, 즉 메인이나 1페이지에 올라가야 한다는 것입니다. 왕홍과 같은 인플루언서나 대형 판매상들은 최소한 수십 개에서 수백 개 이상의 제품을 판매하기 때문입니다. 게다가 상당수의 중국 소비자들이 모바일로 제품을 구입하기 때문에, 잘 보이지 않는 곳에 업로드될 경우 매출이 급감할 수도 있습니다.

그렇다면 '판매상이나 인플루언서가 메인으로 미는 제품'이 되려면 어떻게 해야 할까요?

그들의 입장에서 생각하면 간단합니다. 인지도나 유(입)량이 많아서 많은 판매가 예상되는 제품, 이윤이 많이 남아서 적게 팔아도 많이 벌 수 있는 제품을 판매하는 것입니다.

만약 어디에도 해당되지 않으면 어떻게 해야 할까요? 그럴 때는 판매상이 충분히 만족할 만한 조건을 제시해주면 됩니다.

일곱째, 마케팅 계획과 신제품 계획을 공유하라

중국 판매상에게 내년도 연간판매계획을 공유해 보세요. 계획 작성 단계에서 함께 고민하면 더 좋습니다. 많은 한국 기업들처럼, "난 생산하면 끝이야. 너희가 알아서 팔아 봐."라는 식은 곤란합니다.

중국에는 한국에서도 유명한 춘절, 국경절, 광군제 등의 절기들이 있습니다. 이 시기는 속된 말로 '대목'입니다. 이때를 놓치지 않기 위해 많은 중국 제조사들이 노력하고 있습니다. 중국 판매상들은 물론이고요.

따라서 미리 신제품 개발 계획이나 생산 계획을 공유해두면 위와 같은 대목 때 더 큰 효과를 얻을 수 있습니다. 날짜가 임박해서야 부랴부랴 준비하는 것보다 훨씬 나을 테고요.

장기적으로는 신뢰와 상호 존중을 바탕으로 파트너십을 유지하는 것이 중요합니다. 이를 위해서는 여러 가지 정보다 상황을 허심탄회하게 공유하는 것이 좋습니다.

사람이든 기업이든 매번 좋을 수는 없습니다. 관계가 틀어질 수도 있습니다.

그러나 뜨거운 불꽃으로 차갑고 단단한 강철을 이어 붙일 수 있는 것처럼, 진정성과 열정만 있다면 사람의 마음도 다시 하나가 될 수 있다고 생각합니다. 이런 과정을 거친 후에 관계가 더욱 돈독해질 수도 있고요.

여덟째, 수권서와 제품 자료를 완비하라

한국 기업들은 수권서를 잘 주지 않습니다. 수권서란 '이 상품이 정품임을 인증하는' 서류입니다.

한국 제조업체 담당자들은 책임지고 싶지 않아서, 뭔지 몰라서, 귀찮아서 수권서를 발급해주지 않는 경우가 비일비재합니다. 하지만 중국 판매상들, 특히 타오바오 점주들에게 수권서는 중요한 문제입니다. 수권서 없이 물건을 팔다가 문제가 생기면 '벌점'을 먹기 때문이지요.

타오바오의 모회사인 알리바바 본사는 알리바바에서 한국 제품을 랜

덤 구입한 뒤, 해당 판매자에게 '한국 본사부터 흘러나온 유통경로를 증명하시오.'라고 요구합니다. 이때 수권서나 정품인증서를 제출하지 못하면 가품 판매상으로 판명되어 벌점을 먹게 되는 것입니다.

뿐만 아니라 날이 갈수록 중국 당국의 통제가 심해지는 추세입니다. 그동안 사업자등록 없이, 세금도 내지 않고 사업하던 타오바오 점주들에게 세금을 매기려고 하고 있는 것입니다. 그래서 속칭 '보따리장수'들의 설자리가 점점 줄어들고 있지요.

이런 상황이기 때문에 수권서가 없으면 벌점을 먹는 정도로 끝나지 않을 수도 있습니다. 물론 벌점을 먹는 것 자체도 무척 속상하고 피해가 큰 일입니다. 상점의 평점이 낮아지면 유 · 무형의 손해가 막심하기 때문이지요.

중국 상인들은 간단한 수권서 하나조차 주지 않아서 자신들을 위험하게 만드는 한국 상품을 굳이 팔 이유가 없습니다. 실제로도 1, 2년 전에 정품 한국 화장품을 판매하던 일부 상점들이 큰 위기에 빠진 적이 있습니다. 저는 그 기업들을 직접 찾아가서 수권서를 달라고 읍소했습니다.

하지만 한국 제조사들은 끝까지 수권서 발행을 거부했습니다. 그 결과로 왕훙들과 타오바오 상인들은 한국 기업들에게 실망한 정도가 아니라 원한까지 품을 정도였습니다. 제가 중간에서 정말 난처했었죠.

사실 감정적인 문제를 차치하고서라도 한국 상품을 팔고 싶어하지 않았습니다. 한국 제품을 팔다가 벌점을 먹고 신용도가 하락할 수 있다는 '공포' 때문이었습니다. 한국 제품이 호환마마(?)처럼 위험해진 것입니다.

그 이후로 많은 중국 샵들이 한국 상품을 팔지 않게 되었습니다. 그때 한국 제조사들의 매출은 올랐을까요, 아니면 떨어졌을까요?

한국과 중국 사이, 오해와 이해 사이

"에이, 어느 기업이 저렇게 쉬운 것도 못 지켜요? 첫째, 정품이 맞다면 수권서는 안 주는 게 이상한 거 아니에요? 둘째, 제품 마진율도 업계 한국 본사에서 한 번 정한 대로 유지하면 되고, 가격관리도 단일 가격으로 뿌리면 되잖아? 뭐가 어려운 거야?"라고 생각하실지도 모르겠네요.

하지만 놀라운 것은 위의 세 가지 중에서 최소한 하나 이상을 잘못했던 한국 기업이 굉장히 많다는 것입니다. 저는 수많은 타오바오 상인들을 알고 있습니다. 이들과 밥을 먹으면서, 술을 마시면서, 또는 거래를 하면서 이야기를 해 보면 위의 세 가지 불만이 반드시 나왔습니다.

저는 한국 제조사와 중국 판매상의 중간에서 일하는 경우가 많습니다. 그래서 한국 제조사가 왜 팔랑귀가 되는지, 왜 초심을 잃어버리고 원칙을 유지하지 못하는지 충분히 이해합니다. 그리고 동시에, 왜 중국 판매상이 한국 기업들에게 화를 내는지도 너무나도 공감이 됩니다.

아홉째, 제품 관련 콘텐츠를 생산, 유통하라

중국 마케팅 용어로 '유량(流量)'이라는 말이 있습니다. 상품과 관련된 콘텐츠와 웹사이트에 대한 소비자 방문 수, 즉 온라인 유입량을 의미합니다.

최대한 많은 소비자들이 제품을 인지할 수 있도록 다양한 콘텐츠를 지속적으로 생산하는 것이 필요합니다. 따지고 보면 왕홍이나 연예인을 써서 광고나 이벤트를 하는 이유도 충분한 유량을 확보하기 위해서라고 할 수 있습니다.

예산이 충분치 못하면 어떻게든 아이디어를 짜내서 싼값에 많은 콘텐츠를 만들어내야 합니다. 저 역시도 최근에 런칭한 화장품 홍보 콘텐츠를 그런 식으로 제작하고 있습니다. 카드뉴스, 간단한 영상, 플래시 애니메이션, 사진, 기사 등이 그 예가 될 것입니다.

퀄리티가 다소 아쉽고 단순하더라도 제품에 대한 콘텐츠를 지속적으로 생산, 제공하는 것이 중요합니다. 앞에서도 말씀드렸듯이 판매상들이 위챗, 웨이보 등을 통해 지속적으로 바이럴할 수 있어야 하기 때문입니다.

왕홍들이 많은 제품을 판매 하기 때문에 그들에 아이디어도 고갈된다. 최대한 많은 판매에 관한 컨텐츠가 있다면 더 좋아한다.

열째, 브랜드 가치를 유지하라

조금이라도 더 많이, 비싸게 사겠다고 하는 중국 기업이 등장하면 곧바로 상품을 줘버립니다. 이게 왜 문제냐고요?

기존에 거래하던 중국 상인이 김회장님의 물건을 개당 1만원에 팔고 있는데, 갑자기 튀어나온 상인이 개당 8천원, 7천원, 6천원에 팔기 시작하면 어떻게 될까요? 기존 상인은 단골들에게 욕을 먹겠죠? "나는 너를 믿고 너한테서 사는데 이렇게 뒤통수를 치냐?"라고 말이죠.

중국 상인은 상품 하나하나를 단위로 생각하지 않습니다. 자신과 자신의 샵(shop)을 하나의 단위로 생각합니다. '소비자가 개별 제품이 아니라 판매자를 믿고 산다'라는 개념이 전세계 그 어느 시장보다 강하다는 뜻입니다. 그래서 중국 상인들이 시간과 돈과 정성을 들여서 고객과의

'꽌시'를 형성하는 것입니다.

따라서 중국 상인의 입장에서 보면, 괜히 한국 상품 하나 팔려고 자신과 자신의 샵 전체의 신용도를 떨어뜨릴 필요가 없습니다. 하나의 샵에서 적어도 수십 가지 이상의 상품을 판매하고 있으니까요.

가격을 관리해주지도 않고, 아무한테나 막 뿌려대는 상품을 팔고 싶은 상인은 없습니다. 자기가 잘못한 것도 아닌데 왜 욕을 먹어야 하나요? 그냥 그 한국 상품을 내려버리는 것이 가장 합리적인 판단입니다. 한국 상품을 대체할 상품이나 브랜드는 이제 차고 넘치니까요.

제가 말씀드리는 '제품의 브랜드 가치'는 이와 같이 소비자보다는 오히려 판매상 입장에서의 '브랜드 가치'라고 할 수 있습니다. 앞에서도 말씀드린 것처럼 소비자에게 판매하기 이전에 판매상에게 판매해야 한다고 믿기 때문입니다.

판매상의 눈으로 본 '브랜드 가치'는 여러 측면을 가지고 있습니다. 가격의 측면, 품질의 측면, 재고나 유통의 측면, 광고홍보의 측면, 그리고 향후 발전 가능성까지도요. 그러나 그중에서도 가장 중요한 것은 아무래도 가격의 측면입니다. 그 브랜드에 적합한 가격을 유지해야 장기적으로 판매할 수 있으니까요.

가격이 뒤죽박죽이거나 널뛰기를 하는 제품은, 소비자에게는 몰라도 판매상들에게는 기피 대상이 될 뿐입니다.

가격을 관리하는데도 방법이 있다.

물론 가격을 탄력적으로 운용하는 것은 중요합니다. 예컨대 타오바오와 티몰의 가격을 차등 적용하고, 명절이나 특별한 날에 할인을 하는 것처럼요.

가격을 내릴 때는 세심하고 일관성 있게 해야 합니다. 특히 실무적으로는 다양한 상황이 발생할 수 있습니다. 1부에서 말씀드린 예시지만 다시 한 번 말씀드리겠습니다.

예를 들어서 대형 타오바오 점주들은 자신들이 다소 '선'을 넘는 행동을 해도 한국 제조사가 강하게 제지하지 못한다는 것을 알고 있습니다. 그래서 모르는 척하고 가격을 확 내려서 판매하기도 합니다.

그러면 가격을 관리하는 한국 회사 담당자나 대행사 담당자가 판매를 금지시키고 벌점을 매깁니다. 이것은 통상적인 과정입니다. 앞에서 여러 차례 말씀드렸듯이 가격을 일정 선에서 유지해야 하기 때문입니다. 그렇게 하지 않으면 수많은 판매상들이 가격 경쟁을 하기 때문입니다.

그러면 그 판매상이 전화나 위챗으로, "야, 네가 어떻게 나한테 벌점을 매길 수 있어? 빨리 풀어줘!"라고 항의합니다. "어 미안해. 너인 줄 몰랐어. 우리 직원이 실수를 했네. 바로 풀어줄게. 근데 가격은 원래대로 해줘야 해." "야 그건 내가 미안하다. 우리 직원이 그런 건데 내가 모르고 있었네. 가격을 원래대로 해줄게."

이러한 밀고 당기기, 일본말로 '유도리'가 필요합니다. 유도리(ゆとり)는 일본말이긴 한데 한국말인 '요령'으로는 말의 맛이 잘 안 사는 것 같아서 굳이 사용해 보았습니다.

이런 과정 없이 무작정 가격을 내려버리니까 문제가 되는 것입니다. 갑자기 한국 제조사 또는 대행사가 등장해서 일괄적으로 벌점이나 판매금지를 때려버리니까요. '유도리'도 없고, 방금 말씀드린 것처럼 판매상과 소통하거나 '밀당'을 하지도 않고 말입니다. 한국 기업들에게 악감정을 갖지 않을 수 없겠죠?

벌점 이야기가 나와서 한 가지 예를 더 말씀드리겠습니다.

이미 중국에서 타오바오 판매를 해보신 분들은 자신도 모르는 사이에 타오바오 점주들에게 벌점을 줬을 수도 있습니다.

중국 총판이나 대행사에게 주면 안 될 서류를 줘서 그렇습니다. 제조사가 아니더라도 수권서류만 있으면 판매상들을 제재할 수 있으니까요.

실제 사례로 말씀드리겠습니다. 한국의 모 기업이 중국 총판과 계약을 끝냈습니다. 그런데 이 총판이 수십 개의 타오바오 상점에게 한꺼번에 벌점을 매겨버렸습니다. 계약 종료 직전에 권한을 악용해서 일방적인 조치를 한 것이죠.

하지만 점주들은 그런 사정을 알지도 못하고 알고 싶어하지도 않습니다. 모든 분노는 한국 제조사를 향할 수밖에 없지요. 이렇게 되면 브랜드사에 원한이 생겨서 다시는 그 브랜드를 팔지 않으려고 합니다.

저는 이 회사를 대표해서 타오바오 점주들을 직접 만나면서 일일이 사과했습니다. 그리고 그들에게 유리한 프로모션을 제안하였고요. 그 결과로 다시 타오바오에 진입해서 판매를 계속할 수 있었습니다.

사실 판매상이 수십, 수백 개가 되면 한국 기업 입장에서도 관리가 어렵습니다. 그래서 더더욱 위와 같은 부분들을 놓치지 쉽습니다. 이런 점들 때문에 타오바오에 예상보다 많은 인력이 투입되고, 그러다 보니 타오바오를 '계륵'이라고 생각하시는 것 같습니다.

하지만 타오바오는 계륵이 아니라 두뇌입니다. 두뇌는 크기에 비해 막대한 에너지를 소비합니다. 가성비만 놓고 보면 떼어내 버리는 게 좋습니다. 하지만 아무도 두뇌를 떼려고 하지는 않을 것입니다. 두뇌는 생존의 필수 요소이기 때문이지요.

지금부터라도 타오바오를 중국 사업의 두뇌이자 심장이라고 생각하시기 바랍니다. 그러면 중국 매출도 오르고, 주가도 오르고, 기존 제품의 매출 유지와 신제품 런칭도 순조롭게 진행될 것입니다. .

중국 마케팅의 답은 타오바오에 있기 때문입니다.

중국 타오바오 셀러와 왕홍들이 국내 모 브랜드 제품을 살펴보고 있다.

다시 한 번, 김회장님의 성공을 위하여

변하지 않았어야 할 중국은 엄청나게 변했고,
변했어야 할 한국은 전혀 변하지 않았습니다

불과 2, 3년 사이에 너무 많은 게 바뀌었습니다. 젖과 꿀이 흐르던 무릉도원은 더 이상 없습니다. 변화된 중국 시장에 최적화된 상품과 마케팅을 갖추어야 성공할 수 있습니다.

하지만 아직도 대부분의 한국 기업들과 경영진은 정확한 답을 못 찾거나 엉뚱한 답을 내놓고 있습니다. 아니, 현상 파악조차 못하고 있는 기업도 적지 않습니다.

좋은 시절이 이미 지나갔다는 사실조차 인지하지 못하니까 예전에 하던 방식에 자꾸 집착합니다. 그 대표적인 증거가 바로, "(내 제품을 비싼 가격으로 팔아줄) 좋은 벤더만 있으면 되는데… 황대표, 어디 좋은 중국 벤더 없어요? 소개 좀 시켜줘요!"라는 말씀들입니다.

죄송하지만 그런 벤더는 더 이상 없습니다. 있더라도 그런 마인드로는 좋은 관계를 오래 지속하기 힘듭니다. 중국 시장이 이미 공급자 위주에서 소비자, 유통업자 중심 시장으로 바뀌었기 때문입니다.

아직 늦지 않았다

한국 기업의 오너들과 경영진, 그리고 실무자들이 중국이 변했다는 것을 확실히 인지했을 때는, 이미 돌이킬 수 없을 정도로 멀리 가버린 뒤였습니다.

작은 징후가 큰 병이 되기까지는 3년, 아니 10년 넘게 걸린다고 합니다. 조기에 발견하고 조치를 취했어야 할 징후들이 고통을 줄 정도로 확연한 만성 질환이 되고 말았습니다.

하지만 아직도 병명이나 원인을 제대로 진단하지 못하는 분들이 많습니다. 내가 앓고 있는 증상이 감기 때문인지, 코로나 때문인지, 폐렴으로 인한 것인지에 따라 치료법과 약물이 달라집니다. 그래서 저는 우선 중국의 변화와 한국 기업의 매출 하락 원인에 대해 진단한 후, 그 해결책으로 중국 최대의 전자상거래 플랫폼인 타오바오를 제시하였습니다.

유능하고 성실한 수많은 기업 오너와 경영진과 실무진들이 더 이상 불필요한 시행착오를 겪는 일이 없기를 바라는 마음뿐입니다.

성공의 원리를 알면 성공이 습관이 된다

김회장님은 이제 중국 마케팅에서 무엇이 중요하고 무엇이 중요하지 않은지 알게 되었습니다.

치즈가 중요한 게 아니라 치즈를 옮겨주었던 개미들과 생쥐들이 핵심이었다는 사실을,

그들이 나에게 돈을 벌어다 주었다는 것을 확실히 깨달은 것입니다.

그 개미들이 내 치즈를 빼앗아 간다고, 내 치즈로 배를 불리면서 배은망덕하다고 원망했던 자신이 부끄러웠습니다.

하지만 지금이라도 늦지 않았습니다. 병의 원인과 병명을 알았으니, 이제부터는 적절한 치료를 계속해나가면 되니까요!

후회는 언제나 늦지만, 후회와 동시에 새로 시작한다면 가장 빠르게 회복할 수 있습니다.

주위를 둘러보면 중국 시장에서 성공하는 중국 기업, 한국 기업, 글로벌 기업들이 넘쳐납니다. 단발성 성공이 아니라 성공을 반복하는 기업들, 지속적인 성공으로 "성공이 습관이 된" 기업들도 적지 않습니다.

그 성공의 대열에 독자 여러분이 동참하시기를 진심으로 기원합니다.

끝맺으며

한국 기업과 제품의 중국 마케팅을 도우면서, 짧은 말이나 몇 번의 브리핑으로는 도저히 전할 수도 없고 설득할 수도 없는 내용들이 많이 있었습니다. 그래서 감히 책을 쓸 용기를 낼 수 있었습니다.

저의 붓끝이 무디고 생각이 얕고 시야가 좁다 보니 문장과 내용이 부족하고 투박할지도 모릅니다.

하지만 지금 이 순간에도 중국 시장에서 밤새워 고민하는 기업인들께 조금이나마 도움이 된다면 더 이상 바랄 것이 없습니다.

독자 여러분의 건승을 진심으로 기원합니다. 고맙습니다.

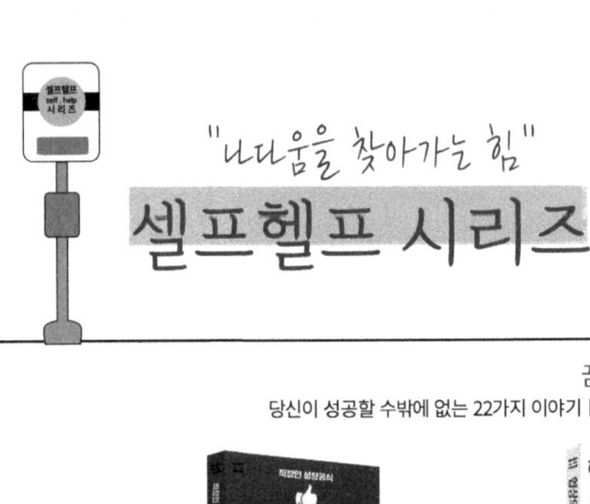

01 꿈드림
당신이 성공할 수밖에 없는 22가지 이야기 | 유형근

02 두번째 인생
인생 2막을 준비하는 한국형 하프타임 실천 전략 | 손병기

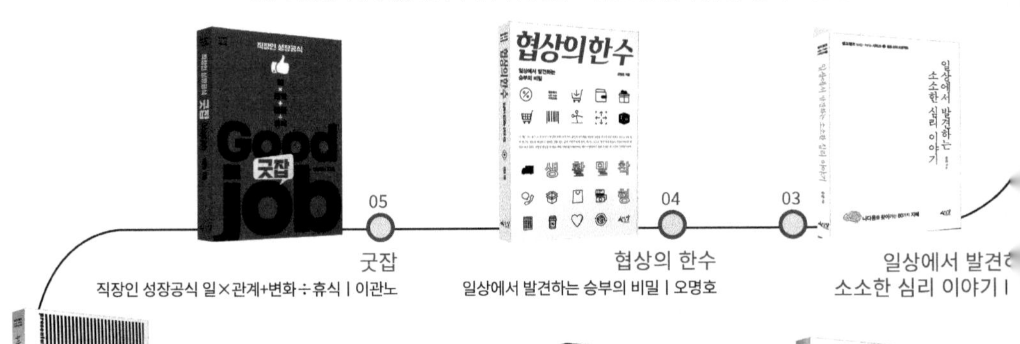

03 일상에서 발견하는 소소한 심리 이야기 |

04 협상의 한수
일상에서 발견하는 승부의 비밀 | 오명호

05 굿잡
직장인 성장공식 일×관계+변화÷휴식 | 이관노

06 누가 저 대신 프리젠테이션 좀 해주세요
경쟁, 입찰, 수주, 제안 프레젠테이션 실사례 | 박서윤, 최홍석

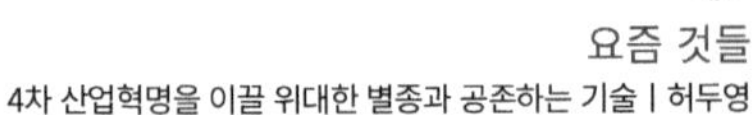

07 요즘 것들
4차 산업혁명을 이끌 위대한 별종과 공존하는 기술 | 허두영

08 바른 성품
회사가 원하는 인재를 어떻게 찾을 것인가 | 이성조

09 변화의 실행력
4차 산업혁명을 나에게 가져오는 퍼실리테이턴트십 |

10 첫 출근하는 딸에게
요즘 것들을 위한 직장생활 안내서 | 허두영

11 당신 참 매력있다
품격을 높이는 관계의 연습 | 송인옥

12 어쩌다 13년째 영어학원을 하고 있습니다
영알못 원장의 학원시장에서 살아남기 | 문윤선

13 지식재산 콘서트
4차 산업혁명 시대 혁신성장의 해법 | 오세중

14 일 잘하는 사람의 업무 교과서
문제해결과 기획편 | 홍종윤

서울특별시 마포구 토정로 222. 한국출판콘텐츠센터 401호 씽크스마트 * 도서출판 사이다 02-323-5609 / 070-8836-8837